처음 만나는
중국경제

역사 속
경제 이야기

처음 만나는 중국경제

권현준 지음 | 호새 그림

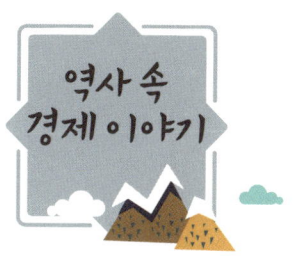

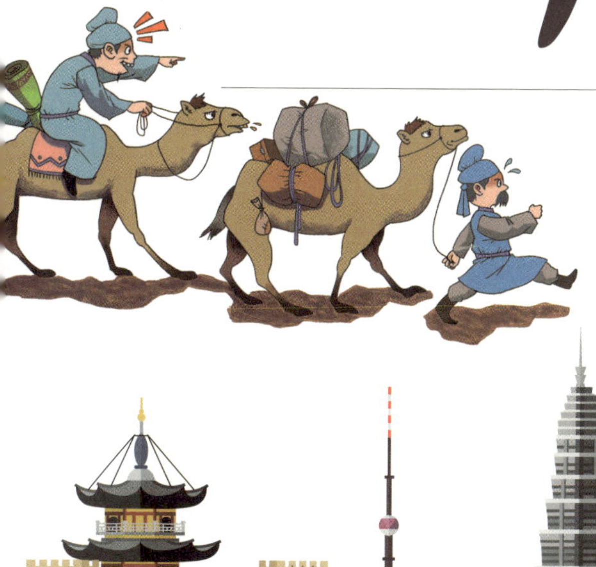

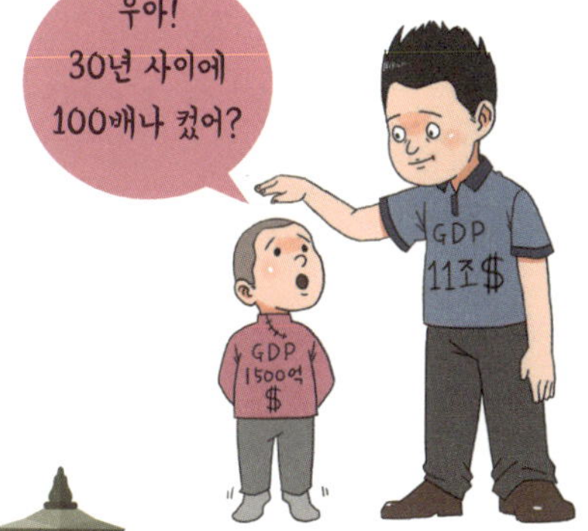
우아!
30년 사이에
100배나 컸어?
GDP
11조$
GDP
1500억
$

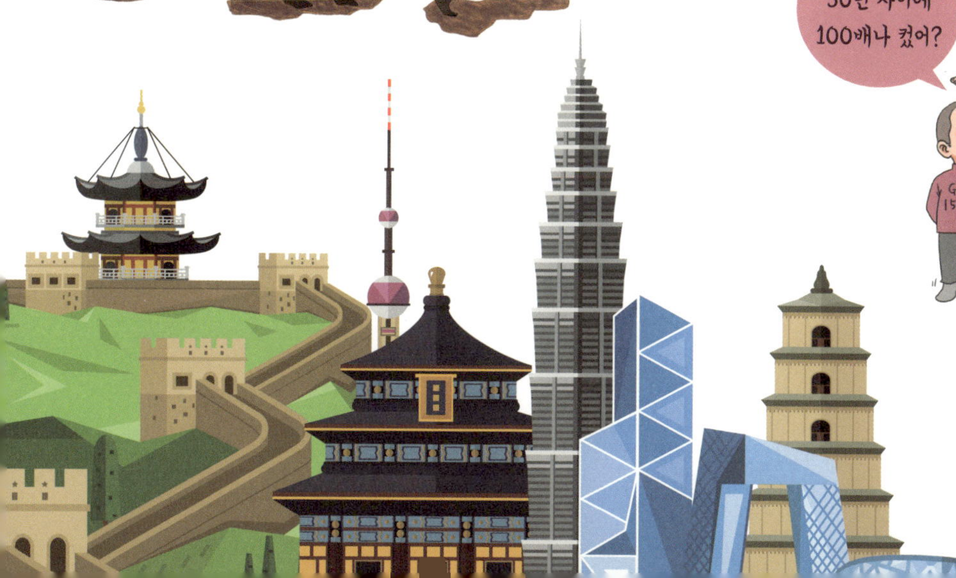

키큰도토리

중국의 경제를
알아야 할 이유

   큰 마트에 가면 온갖 물건들이 선반을 가득 채우고 있어요. 먹을 것과 마실 것, 옷과 신발 같은 작은 물건들뿐만 아니라 TV와 냉장고같이 커다란 상품들도 아주 많아요. 재미있는 장난감도 쌓여 있지요. 그런데 이렇게 많은 물건을 누가 어디서 만들었을까요? 대부분 중국에 자리 잡은 공장에서 중국 사람들이 만든 것들입니다.

   우리를 비롯해 전 세계 사람들은 중국 사람들이 만든 물건을 쓰면서 살아요. 중국 사람들이 장난감을 싸게 많이 만드는 덕분에 우리는 장난감을 마트에서 손쉽게 살 수 있어요. 예쁜 옷을 싸게 사서 입을 수도 있지요. 맛있는 음식 또한 마찬가지예요.

　중국 사람들이 값싸게 많은 물건을 만들어서 우리에게 도움이 되는 만큼, 중국이 우리에게 끼치는 영향도 커졌어요. 만약 중국 사람들이 물건을 덜 만들거나 비싸게 만든다면 어떻게 될까요? 마트의 진열대를 채웠던 상품들이 줄어들고 가격도 오르게 될 거예요. 이제 중국은 우리에게 매우 중요한 나라가 되었어요. 그러니 중국을 잘 알아 둘 필요가 있어요.

　어떤 나라와 그 나라의 사람들을 알기 위해서는 경제를 살펴봐야 해요. 많은 사람들이 하루에 세 번 밥을 챙겨 먹고, 계절에 맞게 옷을 입고, 겨울에는 따뜻하고 여름에는 시원한 집에서 살기 위해 일해요. '경제'라고 하면 어려운 말처럼 들리죠? 하지만 매일 일을 하고, 돈을 벌고, 그 돈을 쓰는 것이 경제 활동입니다. 사실 우리가 가장 많이 하는 활동이죠. 아직 학교에 다니면서 공부만 하고 있다고요? 학교에 다니며 공부하는 것도 경제 활동을 위한 준비입니다.

중국을 이해하기 위해서는 중국의 경제를 알아야 해요. 우리에게 영향을 주는 것도 중국 사람들이 경제 활동을 하면서 만들어 낸 물건들이니까요.

그런데 중국의 경제가 어느 날 갑자기 시작한 것은 아니에요. 중국 땅에서 사람들이 살기 시작한 수천 년 전부터 경제 활동이 이루어졌어요. 그리고 경제 활동은 끊어지는 것이 아니에요. 어제했던 활동이 오늘 영향을 주고, 오늘 한 활동은 내일에 영향을 줍니다. 중국의 요즘 경제는 수천 년 전 중국 사람들이 했던 경제 활동의 영향을 받아서 이루어지고 있지요. 그래서 중국을 알기 위해서는 중국 경제를 알아야 하고, 중국 경제를 알기 위해서는 오래 전부터 중국 사람들이 어떻게 경제 활동을 해 왔는지 알아야 해요. 중국 사람들이 지금까지 어떻게 먹고살았는지에 대해서 말이에요.

그러면 이제부터 중국 사람들이 어떻게 경제 활동을 해 왔는지 함께 알아볼까요?

권현준

차례

작가의 말 중국의 경제를 알아야 할 이유

제1장
경제로 본 중국의 역사

중국의 기원은 상인의 기원 15
장사를 했던 상나라 사람들
농업을 중시했지만, 공업과 상업도 발달한 나라

중국산 물건이 너무 좋아요 21
명품 중의 명품, 중국산 비단
비단을 사러 가는 길 6,500킬로미터

중국의 4대 발명품? 중국의 4대 최첨단 상품! 25
화약과 나침반
종이와 인쇄술
언제나 최신 기술을 발명했던 중국

중국산 차와 도자기가 바꾼 세상 32
세상을 사로잡은 중국의 인기 상품, 차(茶)
차이나(China)의 차이나(china)
유럽의 금고는 텅텅, 중국의 금고는 꽉꽉
역사와 지도를 바꾼 중국산 물건들

가상 인터뷰 진시황

표준을 정하면 경제가 살아난다

제 2 장
중국은 왜 가난해졌나

세금은 중요하다 53
경제와 세금
돈 쓸 일이 너무 많았던 중국 조정
쌀가마니를 내고, 몸으로 때우고
받기도 보관하기도 쓰기도 불편한 세금
편하게 걷고 편하게 쓰자, 지정은제
세금 제도와 중국 경제의 발전

전쟁은 돈 때문에 일어난다 65
은을 되찾으려는 아편 전쟁
갑자기 가난해진 중국
중국을 탐내는 일본

사회주의 때문에 경제가 나빠졌다? 73
무능했던 자본주의 정부
무리하게 진행한 대약진 운동
더 크게 실패한 문화 대혁명

가상 인터뷰
수양제

나라는 부자인데 백성이 가난하면 금방 망한다

제3장
중국은 어떻게 부자가 되었나

잘못된 것만 수습해도 경제가 돌아간다 95
새로운 지도자, 덩샤오핑
원상회복하는 일, 정돈 정책

실험하기 좋았던 넓은 땅 99
부강한 사회주의 국가 되기
사회주의 국가들의 경제 개발 방법, 개혁과 개방
우물쭈물할 여유가 없었던 중국
먼 곳에 마련된 경제 실험실
선전 경제특구

화교와 선진국의 투자를 받다 110
투자자들에겐 기회의 땅
중국 밖에 사는 중국 사람들의 투자
중국에 투자하면 미래에 투자하는 것

최신의 법과 제도를 받아들이다 116
어설픈 밑그림보다 나은 백지 상태
만들고 나니 모든 것이 최신
우연과 노력이 만든 엄청난 경제 성장

가상 인터뷰 덩샤오핑
흰 고양이든 검은 고양이든, 쥐만 잡으면 된다

제4장
중국 경제의 오늘과 내일

전 세계를 휩쓰는 중국 기업들 131
하루 만에 수조 원을 번 알리바바
신생 기업에서 세계적인 기업으로
세계 최고의 규모, 중국 국영 기업

중국 기업의 반쪽 기술력 138
조립에 능한 중국 기업들
재주는 중국이 부리고, 돈은 선진국이 가져가고
늘 성장만 했던 중국 경제의 위기
당장 돈이 되는 기술

신흥 부자와 가난한 농민공 145
누구나 부자가 될 수 있는 기회의 땅
심각한 빈부 격차
목숨 값도 다른 농민공
인구 덕분에 흥했지만 인구 때문에 망할지도

통제된 사회 안에서 경제 성장은 지속될까? 153
통제와 관리의 성공
앞으로도 제대로 관리할 수 있을까?
시민 사회와 경제 성장
시민이 살아가기 어려운 나라
통제 범위를 넘어선 사람들

나가는 글 오랫동안 함께 살아가야 할 나라, 중국

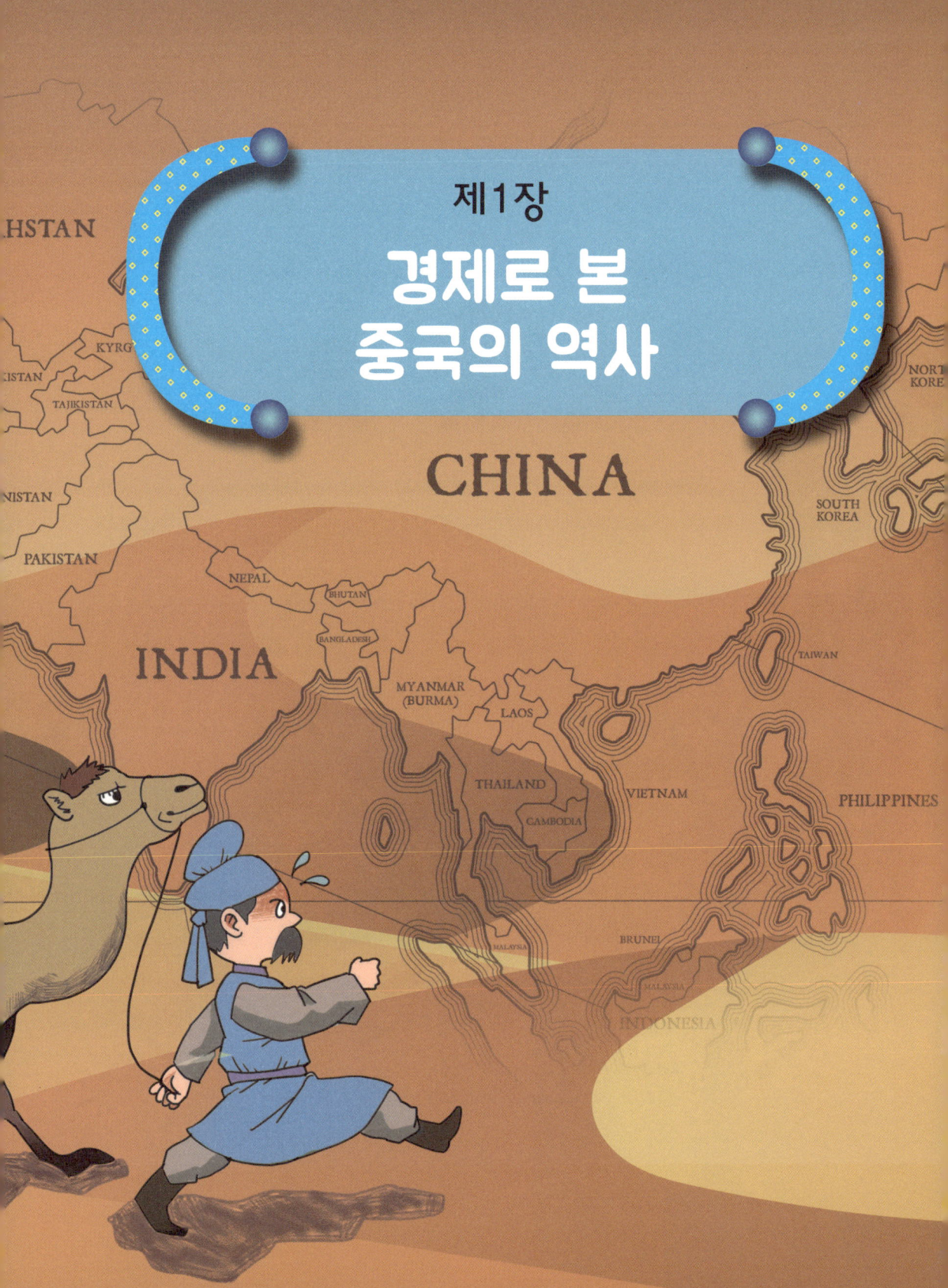

보통 역사를 공부할 때는 왕과 황제 이야기나 큰 전쟁에 대해 배우게 됩니다. 중국 역사도 마찬가지죠. 중국이라는 커다란 나라를 다스린 왕과, 나라가 뒤바뀌는 전쟁은 중요합니다. 하지만 평범한 중국 사람들의 직업이 무엇이었고, 무엇을 만들어 먹고살았는지, 그리고 만든 물건을 누구와 사고팔았는지를 아는 것도 의미가 있어요. 아무리 훌륭한 왕과 황제라도 사람들의 먹고사는 문제를 해결해 주지 못하면 쫓겨나기 마련이었거든요. 전쟁도 마찬가지예요. 전쟁이 일어나는 이유는 여러 가지가 있지만, 사람들이 힘들게 수확한 식량과 노력해서 만든 물건을 귀족들이 빼앗아 가는 바람에 민란이 일어나고, 그 민란이 전쟁으로 커지는 경우도 있었어요. 이런 전쟁이 나면 그때까지 중국을 다스리던 황제와 귀족들이 쫓겨나고 새로운 나라가 생겨나기도 했습니다.

중국의 기원은
상인의 기원

장사를 했던 상나라 사람들

중국은 아주 오래된 나라예요. 중국의 역사는 지금으로부터 3,600년 전까지 거슬러 올라가거든요. 아주 옛날에 중국 사람들은 전쟁을 할지 말지, 죄수에게 사형을 내릴지 말지 등을 거북 등껍질과 소뼈로 점을 쳐서 결정했어요. 점을 쳐서 나온 점괘는 거북 등껍질과 소뼈에 기록했습니다. 이것을 거북 등껍질을 뜻하는 '갑(甲)'과 소뼈를 뜻하는 '골(骨)'을 써서, '갑골문(甲骨文)'이라고 부릅니다. 지금 우리가 쓰는 한자(漢字)의 기원이 갑골문이죠. 이렇게 갑골문을 사용했던 나라가 현재까지 밝혀진, 중국에서 가장 오래전에 있었던 나라입니다. 나라 이름은 상(商)나라였는데, '상인', '상업' 할 때 바로 그 '상'이지요.

상나라 사람들은 술을 정말 좋아했다고 해요. 그런데 술을 너무 좋아한 나머지 나라가 망할 지경에 이르렀다고 합니다. 상나라 사람들이 술을 많이 마셔서 나라가 망했다는 이야기는 전설로만 남아 있어요. 나라를 잃은 상나라 사람들은, 그러니까 '상

➜ 갑골문은 1899년 상나라의 수도였던 은(殷)의 폐허에서 처음 발견되었다.

인(商人)'들은 먹고살기 위해 여기저기 떠돌아다니면서 장사를 했습니다. 이때부터 장사하는 사람을 상인이라고 부르기 시작했어요. 이렇듯 중국에서는 오래전부터 상업이 발달했어요.

농업을 중시했지만 공업과 상업도 발달한 나라

우리나라, 일본, 베트남 등은 중국의 영향을 많이 받았어요. 중국은 이 지역에서 오래전부터 문명을 발달시킨 나라였거든요. 중국이 우리나라에 끼친 영향은 주변에서 많이 찾아볼 수 있습니다. 아직도 많이 쓰고 있는 한자가 대표적입니다. 그리고 공자(孔子)가 만든 유교(儒敎)도 있어요.

공자는 지금으로부터 2,500년 전 사람입니다. 당시 중국은 여러 나라로 나뉘어 전쟁이 계속되고 있었습니다. 당연히 백성들은 고통받고, 사회도 혼란스러웠어요. 공자는 왕이 백성을 위하는 마음으로 나라를 다스리고, 백성들은 그런 왕을 잘 모시면 좋은 세상이 올 것이라고 생각했습니다. 공자에게는 많은 제자들이 있었는데,

이 제자들이 다시 제자를 기르고, 그 제자들은 또다시 제자를 길렀습니다. 그래서 공자의 생각이 중국 곳곳에 퍼질 수 있었죠. 중국 사람들은 살기 좋은 나라가 되려면 공자의 말대로 해야 한다고 생각했어요.

유교에서는 사람들이 하는 일의 중요도를 정해 놓았습니다. 사농공상(士農工商)이라는 말을 들어본 적 있나요? 이는 백성을 나누는 네 가지 신분을 말해요. 직업에 따라 신분을 가르는 것입니다.

가장 높은 신분은 사(士), 공부를 열심히 해서 벼슬을 하는 선비입니다. 공무원이자 정치가지요. 선비 아래에는 농(農), 농사를 짓는 농부이고, 그 아래에 공(工), 물건을 만드는 기술자입니다. 맨 아래에 상(商), 장사를 하는 상인입니다.

경제적으로 보면 농업, 공업, 상업 중에 농업을 제일 중요하게 생각했다는 뜻이기도 합니다. 이것은 꼭 중국만 그런 것은 아니었어요. 옛날에는 거의 모든 나라에서 농업이 중요했습니다. 농사 기술이 발달하지 않아, 식량을 충분히 마련하기 어려웠거든요. 그러니 물건을 만들어서 파는 것보다, 식량을 마련하는 일을 더 우대한 것이었습니다. 중국도 마찬가지로 농사짓는 일을 권장했습니다.

사(士)　　농(農)　　공(工)　　상(商)

　유교에서는 농업을 우대했지만, 생활 속에서는 공업과 상업도 발달했어요. 보통 사람들은 벼슬을 하기 어려웠고, 농부는 가난했거든요. 농부들이 힘들게 농사를 지어도 얻는 식량을 나라에 세금으로 많이 바쳐야 했습니다. 더구나 전쟁이 일어나면 병사로 끌려가야 했고, 성을 쌓고 운하를 만드는 등 큰 공사가 벌어지면 불려가서 일을 해야 했어요. 그러면 농사를 잘 짓지 못해 수확이 줄어들고 먹고살기가 어려워졌어요. 만약 흉년이라도 들면 정말 큰일이었습니다.

　그런데 기술자와 상인은 달라요. 기술자는 물건을 잘 만들기만 하면 됩니다. 잘 만든 물건은 상인이 돈을 주고 사 갔지요. 상인은 기술자에게 산 물건을 시장에 내다 팔았어요. 주로 중국 사람들에게 팔았지만, 외국 사람들에게 팔기도 했어요. 중국에서 만든 물건은 품질이 좋고 디자인도 예뻤기 때문에 외국에서 아주 인기가 많았습니다. 유럽 사람들은 중국산 물건을 사기 위해 서로 싸울 지경이었어요. 당연히 중국의 상인과 기술자들은 돈을 많이 벌었겠죠?

그래서 농사를 짓는 사람들도 기회가 되면 기술자가 되거나 장사를 하려고 했습니다. 그러다 보니 중국은 물건을 만드는 기술이 발달하고, 사람들의 장사 수완도 늘었어요. 중국은 기술자와 상인의 나라라고 해도 지나친 말이 아니었지요.

▶ 중국 춘추전국 시대에 이용됐던 화폐 명도전

중국산 물건이 너무 좋아요

명품 중의 명품 중국산 비단

중국 사람들은 물건 만드는 솜씨가 좋고 장사하는 수완도 뛰어났습니다. 그러다 보니 중국 상품의 인기는 대단했어요. 중국의 대표적인 인기 상품으로 비단이 있었어요. 비단은 누에고치에서 나온 실로 짠 옷감입니다. 비단은 부드러워서 감촉이 좋고, 튼튼해서 사람들이 좋아하는 고급 옷감이었어요. 중국 사람들은 이런 비단을 만드는 재주가 뛰어났습니다. 그래서 외국 사람들은 중국에서 만든 비단을 갖고 싶어 했어요.

중국산 비단의 인기는 1,000년이 넘도록 계속되었어요. 영국의 명탐정 셜록 홈스를 아나요? 추리 소설 속 주인공 셜록 홈스가 활약하던 때가 1800년대예요. 이때 영국에서는 중국산 비단으로 만든 턱시도가 최고급 명품이었어요.

외국 사람들이 중국 비단을 사려면 제일 먼저 무엇을 해야 할까요? 일단 중국까지 가야 합니다. 요즘은 비행기나 배를 타면 전 세계 어디든 쉽게 갈 수 있지만, 옛날에는 비행기나 빠른 배가 없었어요. 그래서 주로 걷거나 말을 타고 다녔지요.

비단을 사러 가는 길 6,500킬로미터

실크로드(Silk Road)라는 것이 있어요. 우리말로 하면 '비단길'이에요. 실크로드는 말이나 낙타를 타고 중국에서 유럽까지 갈 수 있는 길이었습니다. 실크로드는 사람이 걸어서 지나가기 힘든 높은 산맥, 큰 강, 넓은 사막을 피해서 만들어졌어요. 물론 그렇다고 해도 중국에서 유럽까지 이어졌으니 멀고도 험한 길이었습니다. 실크로드의 길이는 약 6,500킬로미터나 되었습니다. 서울에서 부산까지가 약 500킬로미터 정도이니, 실크로드가 얼마나 길었는지 상상하기도 힘들어요.

비단을 사러 가는 길은 멀기만 한 것이 아니었어요. 때때로 칼을 든 강도들이 떼로 나타나기도 해서 매우 위험했지요. 그래서 실크로드 곳곳에 요새를 세워 상인들을 보호하기도 했어요.

상인들은 말과 낙타의 등에 중국에서 만든 비단을 싣고, 실크로드를 지나서 유럽까지 갔습니다. 유럽 사람들은 중국의 질 좋은 비단에 열광했어요. 험난한 여행이었지만, 상인들은 무사히 여행을

실크로드 요새 중 하나였던 둔황의 감시탑

➡ 둔황 석굴 벽화
한나라 황제(무제)의 명령을 받고 서쪽으로 떠나는 장건의 모습이다.

마치기만 하면 큰돈을 벌 수 있었지요.

　실크로드는 로마 제국이 유럽 지역을 다스리고 한(漢)나라가 중국을 다스리던, 2,000년 전에 처음 열렸어요. 그리고 그 이후 1,000년 넘게 이 길을 따라 중국의 비단이 유럽으로 수출되었습니다. 2,000년 전에 이미 중국 사람들은 외국 사람들까지 사로잡은 최고급 상품을 만들고 있었던 것이지요.

중국의 4대 발명품?
중국의 4대 최첨단 상품!

화약과 나침반

중국 사람들은 신기한 물건들을 많이 만들어 냈어요. 중국의 역사나 세계사를 공부하게 되면, 중국의 4대 발명품에 대해 배우게 됩니다. 화약, 종이, 인쇄술, 나침반은 중국 사람들이 만든 위대한 발명품입니다. 이 네 가지 발명품 덕분에 역사적으로 큰 변화와 발전이 있었거든요.

화약이 발명되기 전에는 전쟁하기가 어려웠습니다. 옛날 전쟁에서는 칼이나 창, 활과 화살을 가지고 들판에서 싸웠어요. 그러다가 한쪽이 불리해지면 성으로 달아나 버립니다. 칼, 창, 화살로는 돌로 된 튼튼한 성벽을 무너뜨릴 수 없기 때문이죠. 하지만 화약이 발명되고 나서는 달라졌습니다. 화약으로 대포를 만들 수 있었거든요. 커다란 대포는 성벽도 쉽게 부술 수 있었어요. 성으로 도망쳐 봐야 소용이 없어졌으니 전쟁을 하는 방식도 변했습니다.

예전에는 병사가 많고 병사를 먹일 식량이 많은 나라, 성을 잘 쌓을 수 있게 백성이 많은 나라가 전쟁을 잘했어요. 그래서 인구가 많고, 농사지을 땅이 넓은 나라가 강대국이 될 수 있었지요. 하지만 화약이 발명되고 나서는 대포를 잘 만드는 기술이 있는 나라가 강대국이 되었어요. 기술력이 강대국의 조건이 되었던 것이지요.

한편 옛날 사람들은 멀리 여행을 다니기가 어려웠어요. 배를 타

➜ 14세기경 원나라 때 쓰였던 화총

고 여행을 가는 것은 더 어려웠지요. 튼튼하고 큰 배를 만드는 것도 문제였지만, 먼 바다로 나가면 어디가 어딘지 알 수가 없었거든요. 가고 있는 길이 맞는지 틀린지 알 수가 없으니 멀리 여행을 떠날 수가 없었지요.

그런데 나침반 발명이 커다란 변화를 가져왔어요. 중국 사람들이 만든 나침반의 바늘은 언제나 북쪽을 향하고 있거든요. 그러니 먼바다에 나가더라도 내 위치를 정확하게 알 수가 있어요. 나침반 덕분에 사람들은 먼 곳으로 여행하고, 세계 일주도 할 수 있었습니다.

종이와 인쇄술

종이와 인쇄술도 사람들의 삶을 크게 바꾸어 놓은 중요한 발명품입니다. 지금은 책이 많지만 예전에는 책이 귀했어요. 종이가 발명되기 전 중국에서는 비단 같은 옷감 위에 글씨를 써서 책을 만들었어요. 그런데 비단은 너무 비쌌어요. 그래서 비단 대신 대나무를 쪼개어 그 위에 글씨를 쓰고, 그것들을 묶어 책을 만들기도 했지요. 책(冊)이라는 한자를 보면 대나무를 끈으로 묶어 놓은 모양입니다. 그런데 대나무 책은 싸게 만들 수 있었지만 가지고 다니면서 읽기에 너무 무거웠어요. 또 책을 쌓아 놓으면 자리를 너무 많이 차지하기도 했고요.

이렇게 불편하던 차에 채륜이라는 중국 사람이 종이를 발명했어요. 종이는 질기고 가벼워서 책을 만드는 재료로 쓰기에 아주 좋았습니다. 비단보다 값도 쌌고요. 종이가 발명되자 중국에는 책이 많아졌어요. 책으로 공부하는 사람이 늘어났고, 중국은 더욱 발전하게 되었습니다.

중국의 종이를 본 유럽 사람들은 감탄했어요. 그 당시 유럽 사람들은 양피지로 책을 만들고 있었습니다. 양피지는 양의 가죽으로 만들어요. 양가죽을 얇게 펴서 말린 후 그 위에 글을 쓰는데, 책 한 권을 만들려면 양이 이백 마리나 필요했어요. 당연히 책은 엄청나게 비쌌

➡ 양피지로 만든 책

습니다. 책 다섯 권이 있으면, 집 한 채를 살 수 있을 정도였지요. 그런데 종이로 만들면 훨씬 싸게 많은 책을 만들 수 있었으니 유럽 사람들이 놀란 것은 당연했습니다.

인쇄술도 마찬가지였습니다. 예전에는 책을 만들려면 일일이 사람들이 손으로 글자를 옮겨 적었습니다. 유럽 사람들도 마찬가지였어요. 책 한 권을 손으로 써서 옮기려면 한 사람이 2년 동안 온종일 그 일에만 매달려야 했습니다. 그런데 중국 사람들이 인쇄술을 개발한 이후에는 활자를 만들어서 인쇄기에 넣으면 쉽게 책을 찍어낼 수 있었습니다. 놀라운 기술이었지요.

언제나 최신 기술을 발명했던 중국

중국 사람들은 화약과 나침반, 종이와 인쇄술처럼 실생활에서 편리하게 이용할 수 있는 발명을 많이 했어요. 지금으로 말하면 중국 사람들은 노트북이나 스마트폰처럼 최첨단 기술이 사용된 물건을 만들었던 것이죠. 최첨단 노트북이나 스마트폰은 갖고 싶어 하는 사람들이 많아요. 마찬가지로 그 당시 중국에서 만든 최첨단 물건들은 중국 사람들은 물론이고, 외국 사람들에게도 인기가 많았어요.

기술이 좋기로는 1,000년 전 중국을 다스린 송나라도 유명해요. 송나라 사람들의 대표적인 최첨단 기술은 철이었습니다. 철은 삽, 곡괭이, 호미 등 농기구를 만드는 데 꼭 필요해요. 전쟁을 하기 위한 칼과 창, 갑옷을 만드는 데도 철이 필요했어요. 기계를 만드는 데도 철은 반드시 사용됩니다. 그런데 튼튼한 철을 만드는 기술은 매우 복잡하고 어려웠어요. 그래서 아무나 만들 수 없었죠. 송나라 사람들은 철을 잘 만들 수 있었을 뿐만 아니라, 많이 만들었어요. 아주 오랫동안 중국은 전 세계에서 철을 가장 많이 생산하는 나라였습니다.

송나라 사람들은 배를 만드는 기술도 좋았어요. 송나라 사람들은 암초에 부딪혀 배의 일부가 부서져도 계속 항해를 할 수 있는 배를 만들었어요. 요즘도 배를 만들 때 이 기술을 써요. 중국 사람들은 이후에도 배를 만드는 기술을 계속 발전시켰습니다.

콜럼버스는 에스파냐 왕실의 지원을 받아, 세 척의 배를 끌고 유럽 사람으로는 처음으로 아메리카에 갔지요. 그런데 중국에서는 콜럼버스보다 약 100년 먼저 그만큼의 거리를 항해해서 아프리카

➔ 정화가 아프리카에서 가져온 기린

까지 간 사람이 있습니다. 바로 정화(鄭和)라는 명나라 사람이었어요. 정화는 함대를 이끌고 1405년부터 1433년까지 일곱 차례나 아프리카까지 항해했어요. 수백 척의 배에 수만 명의 사람들을 태우고 다녔던 정화의 함대에서 가장 큰 배는, 콜럼버스가 아메리카 대륙에 갈 때 탔던 배보다 30배나 컸습니다.

중국산 차와
도자기가 바꾼 세상

세상을 사로잡은 중국의 인기 상품
차(茶)

품질도 좋고, 디자인도 예쁘고, 무엇보다 최신 기술로 만들었던 중국 물건들은 외국 사람들, 특히 유럽 사람들이 매우 좋아했습니다. 중국 명나라와 청나라의 인기 상품으로는 차와 도자기가 있었습니다. 두 물건 모두 유럽 사람들의 마음을 사로잡았어요. 그래서 유럽 사람들이 중국에 와서는 많은 돈을 내고 차와 도자기를 사 갔어요.

녹차나 홍차 같은, 차를 맛본 적 있나요? 요즘에는 마트에 가면 차를 쉽게 살 수 있지만, 예전에는 그렇지 못했어요. 차는 날씨가 따뜻한 곳에서만 자라는 차나무의 잎을 따서 만듭니다. 중국 남부 지역은 날씨가 따뜻해 오래전부터 차를 많이 재배했어요. 중국 사람들이 차를 좋아했거든요.

유럽 사람들도 중국에서 만든 차를 맛보게 되었어요. 그런데 차의 맛과 향이 너무 좋은 거예요. 차에 반해 버린 유럽 사람들은 중국으로 몰려들었습니다. 중국 말고도 차 농사를 짓는 나라들은 많이 있었지만, 차를 수출할 수 있는 기술을 가진 나라로는 중국이

➔ 중국의 차 밭

침몰한 예테보리호를 그대로 재현해 만든 배

으뜸이었거든요.

중국에서 유럽까지 차를 가져가려면 수천 킬로미터의 바다를 건너야 했습니다. 그래서 운송하는 도중에 차가 썩지 않게 가공하는 기술이 필요했는데, 중국에는 이런 기술이 있었어요. 포장 기술이 얼마나 대단했냐면, 1745년 중국에서 물건을 사서 돌아가던 스웨덴의 예테보리호가 바다에 가라앉는 사건이 있었어요. 200년이 지난 1986년에 잠수부들이 바닷속에 있는 예테보리호 안에서 화물을 건져 냈습니다. 그중에는 차 상자도 있었어요. 차 상자의 포장을 뜯어보니, 차를 끓여 먹을 수 있는 정도로 보관 상태가 좋았습니다. 심지어 맛과 향까지 훌륭했다고 하네요.

차이나(China)의 차이나(china)

유럽 사람들이 너무나 사랑했던 중국의 물건 가운데 도자기를 빼놓을 수 없습니다. 영어로 중국은 차이나(China)이고, 도자기도 차이나(china)입니다. 중국의 도자기가 유럽 사람들에게 매우 인기가 많아, '중국=도자기'로 부르다 보니 차이나로 통일이 되었다는 이야기도 있어요. 중국과 도자기의 어원이 이렇게 연결된다는 건 정확한 이야기는 아니지만, 중국 도자기가 유럽에 매우 많이 팔려 나간 것만은 사실입니다.

당시 유럽에서 중국 도자기가 얼마나 인기가 있었는지, 귀족이나 왕족들은 도자기를 수집해 전시하는 방을 따로 만들기도 했습니다. 네덜란드 한 나라에서만 2,000만 개 이상의 중국 도자기를 수입해 갔다고 하니 유럽 사람들의 중국 도자기 사랑은 정말 엄청났답니다.

도자기 만드는 기술은 매우 어렵습니다. 도자기의 종류에 따라 가마에서 구워 내는 온도는 1,100℃~1,400℃로 다양합니다. 중국에는 불을 조절해 다양한 도자기를 만드는 기술이 있었어요. 접시와 그릇처럼 매일 쓰는 생활용품부터, 금박과 은박에 화려한 그

➡ 명나라 때 중국 접시(왼쪽)와 17세기 유럽에서 만든 접시(오른쪽)
100여 년의 노력 끝에 17세기 유럽에서도 중국 도자기와 같은 도자기를 만들게 되었다.

림이 들어간 고급 장식품까지, 중국 사람들은 다양한 도자기를 만들 수 있었습니다. 때로는 유럽 사람들이 자신들이 원하는 모양, 색깔, 크기 등을 주문하면 중국의 도자기 공장에서 그대로 만들어 주기도 했지요.

중국에서는 도자기 만드는 과정을 여러 단계로 나누었습니다. 각각의 단계에는 전문적인 기술자가 솜씨를 뽐냈습니다. 도자기의 원료인 흙을 섞는 사람부터, 모양을 빚는 사람, 색깔을 입히는 사람, 장식하고 그림을 그리는 사람, 가마에서 굽는 사람, 유럽까지 가는 길에 깨지지 않도록 포장하는 사람까지, 80개~100개로 나뉜 과정에 최고의 기술자들이 배치되었지요. 유럽 사람들한테는 중국 사람들만큼 도자기를 만드는 뛰어난 기술이 없었기 때문에, 비싼 돈을 주고 사 갈 수밖에 없었어요.

유럽의 금고는 텅텅
중국의 금고는 꽉꽉

중국에서 만든 품질 좋은 물건들은 유럽에서 인기가 높았습니다. 반대로 유럽에서 만든 물건들은 중국에서 인기가 없었어요. 유럽 사람들은 돈가스나 스테이크를 먹을 때 쓰는 포크와 나이프를 멋지게 만드는 기술이 있었어요. 그래서 포크와 나이프를 중국에 팔려고 가지고 왔는데, 중국 사람들은 나무로 만든 젓가락을 더 좋아했지요. 할 수 없이 유럽 사람들은 힘들게 가져온 포크와 나이프를 고스란히 가지고 돌아갔어요.

다음에는 유럽의 추운 지방에서 만든, 품질이 좋은 양털 옷감을 가져왔습니다. 양털로 만든 옷은 따뜻해서 겨울철에 입기에 좋았거든요. 중국에도 추운 지방이 있으니 그 지역 사람들에게 팔 수 있을 것이라고 생각했습니다. 그런데 중국 사람들은 유럽산 양털 옷감도 사지 않았어요. 중국에는 이미 따뜻한 옷감이 많았거든요.

유럽에서 만든 물건을 잔뜩 들고 와서 중국에 팔려고 했던 유럽 사람들은 번번이 실패했습니다. 유럽 사람들은 할 수 없이 중국 물건을 사 가기만 했지요.

유럽에서 중국까지 오려면 배를 타고 먼바다를 건너와야 해요. 맨 처음에 유럽 사람들은 유럽에서 만든 물건을 배의 짐칸에 가득 싣고 와서 중국에서 팔고, 다시 중국 물건을 사서 유럽으로 돌아가려고 했어요. 그런데 중국 사람들은 유럽 물건에 관심이 없었어요. 할 수 없이 유럽 사람들은 중국으로 출발할 때 배의 짐칸에 은(銀)화만 가득 채웠어요. 중국 사람들이 물건을 팔고 그 값으로 은을 받았거든요. 달리 말하면 은화 한 상자와 도자기 한 상자, 은화 한 상자와 차 한 상자, 아니면 비단 한 상자를 바꿔 간 것이지요.

역사와 지도를 바꾼 중국산 물건들

유럽 상인들은 중국산 물건을 배에 가득 싣고 유럽으로 돌아가면, 자식에 손자까지 몇 대가 떵떵거리면서 먹고살 만큼의 돈을 벌 수 있었습니다. 유럽 사람들은 중국 물건을 사려고 은을 긁어모았지요. 그런데 중국 물건을 너무 많이 산 나머지 유럽에 은이 모자라게 되었습니다. 은이 떨어지자 에스파냐와 포르투갈이 먼저 은 사냥에 나섭니다.

에스파냐와 포르투갈은 유럽을 벗어나 먼바다로 항해를 나선 첫 번째 나라들이었습니다. 에스파냐는 서쪽 바다로 배를 몰아서 아메리카에 도착했어요. 포르투갈은 에스파냐와 반대쪽으로 배를 몰았습니다. 아프리카를 한 바퀴 빙 돌아, 인도를 지나서 결국 중국 근처에 도달했습니다.

포르투갈 사람들은 중국 물건들을 사기 위해 은을 구할 수 있는 곳을 찾아보았어요. 그러다가 일본에서 은이 많이 난다는 것을 알게 되었어요. 또한 일본 사람들이 중국의 비단을 매우 갖고 싶어 했지만, 구하지 못한다는 것도 알게 되었지요. 중국에서 일본과의 무역을 막았거든요. 바로 왜구(倭寇) 때문이었어요.

왜(倭)는 옛날에 일본을 부르는 말이었고, 구(寇)는 해적을 뜻해요. 즉, 왜구는 일본 해적이지요. 왜구들은 중국 해안가에 와서 약탈을 많이 했습니다. 그래서 중국에서는 해적이 아니더라도 일본 사람이 중국 땅에 들어오는 것 자체를 금지했어요. 일본 사람들은 중국에 갈 수조차 없었고, 그러니 당연히 중국산 비단을 사 올 수도 없었어요.

이런 사실을 알게 된 포르투갈 사람들은 좋은 방법을 생각해 냈어요. 우선 일본에 가서 은을 구입해요. 이 은을 가지고 중국에 가서 비단을 비롯한 좋은 물건을 삽니다. 그리고 중국산 물건을 다시 일본에 되팔거나 유럽으로 가져가는 것이에요. 이렇게 무역을 해서 1년에 보통 14만 킬로그램, 그러니까 140톤의 은이 일본에서 중국으로 들어갔어요. 포르투갈 사람들은 이런 장사를 오랫동안 했어요. 덕분에 엄청나게 많은 일본의 은이 중국으로 들어갔습니다.

한편 아메리카로 간 에스파냐 사람들은 그곳에서 거대한 은 광산을 발견했어요. 옳다구나 싶었던 에스파냐 사람들은 아메리카를 식민지로 만들었어요. 그러고는 아프리카 사람들을 노예로 잡아가

제1장 경제로 본 중국의 역사

서 은 광산에서 일을 시켰지요. 아메리카 은 광산에서 캐낸 은을 중국으로 가지고 가기 위해서였습니다.

 에스파냐가 부유하고 힘이 막강했을 때는, 에스파냐 사람들이 1년에 7만 킬로그램, 약 70톤의 은과 중국 상품을 바꾸어 갔습니다. 이것도 물론 오랫동안 계속되었지요. 에스파냐 사람들이 아메리카에서 은을 많이 가져올 때는 1년에 340톤 정도였는데,

▶ 아프리카 노예들이 은 광산에서 일하는 모습을 그린 그림

이렇게 많은 은은 에스파냐를 포함한 유럽 사람들이 중국에 가서 상품을 사는 데 사용되었어요. 일본과 유럽에서 중국으로 간 은이 1년에 230톤 정도였으니 조금 과장해서 말하면 전 세계 대부분의 은이 중국으로 향하고 있었던 셈이지요.

이런 과정에서 아메리카와 아프리카는 유럽 여러 나라들의 지배를 받게 되었습니다. 일본은 포르투갈과 무역을 하게 되면서, 아시아에서 가장 빨리 유럽의 문물을 받아들일 수 있었어요. 유럽 문물을 받아들인 일본은, 유럽의 여러 나라들이 그랬듯이 식민지를 만들었지요. 결과적으로 중국산 물건을 갖고 싶어 했던 유럽 사람들의 욕심이 전 세계 곳곳을 식민지로 만들었습니다. 중국 물건은 이처럼 전 세계에 엄청난 영향을 줄 만큼 대단한 것이었어요.

표준을 정하면 경제가 살아난다

    기원전 221년 진나라의 임금 정(政)이 분열되었던 중국을 하나의 거대한 제국으로 통일했습니다. 왕이 아닌 황제(皇帝)라는 호칭을 사용해 사람들의 이목을 끌기도 했는데요, 이번 시간에는 진시황의 경제 정책에 대해 이야기를 나누어 보는 시간을 갖도록 하겠습니다.

 안녕하세요. 차이나 기자라고 합니다. 황제 폐하를 뵙게 되어 망극하옵니다.

신하들은 내 앞에서 감히 고개도 들지 못할 만큼 황실의 법도는 엄격하지만, 기자는 특별히 편한 분위기에서 인터뷰를 할 수 있게 허락하겠소. 그러니 내 경제 정책을 백성들에게 잘 전해 주기를 바라오.

감사합니다. 그럼 질문을 시작할게요. 진시황 시대 경제 정책의 핵심은 무엇인가요?

한마디로 '통일'이오. 중국은 춘추전국 시대 십수 개의 나라로 분열되어 백성들이 고통받았소. 혼란과 분열을 끝내기 위해 나는 9년에 걸친 긴 통일 전쟁을 치렀다오. 그 결과 이제는 더 이상 전쟁이 없는, 하나의 통일된 나라가 되었지. 경제도 마찬가지야. 통일만이 경제를 살리는 길이라 할 수 있소.

중국 땅을 통일한 것은 알겠는데, 경제에서의 통일은 낯선데요. 조금만 더 자세히 설명해 주세요.

우리 진나라에는 위대한 개혁가가 있었소. 상앙(商鞅)이라는 사람인데 들어 봤을 게요. 상앙은 법가 사상, 즉 법과 제도를 바탕으로 하면 백성들은 부유해지고 나라는 튼튼해질 것이라고 주장했소. 사실 진나라는 상앙의 법가 사

상으로 인해 강해질 수 있었고, 통일을 이룰 수도 있었다오. 상앙은 여러 가지 개혁 법안을 만들었는데, 그중 경제 정책도 있었지. 그 정책을 이어받아 '도량형의 통일' 같은 중요한 경제 정책을 실시했지.

 도량형의 통일이요?

 그렇소. 도량형, 즉 무게와 길이 등을 재는 단위를 통일하는 것이오. 중국이 여러 나라로 나뉘어 있을 때 나라마다 다른 도량형을 사용했었지. 그래서 이쪽 나라에서 산 쌀 한 말과 저쪽 나라에서 산 쌀 한 말은 차이가 있었다오. 중국 각지에서 비단 한 폭을 사 오라고 심부름을 시키면 모두 다른 길이의 비단을 가지고 왔지. 이런 것을 통일했다네.

 무게와 길이를 통일하는 것이 경제 정책과 어떤 관계가 있나요?

 도량형의 통일은 경제에서 매우 중요한 문제야. 세금을 걷는다고 생각해 보게. 올해는 풍년이 들었으니 세금으로 어른 남자 한 명당 쌀 한 가마니씩 내라고 명령했는데, 어떤 사람은 땀을 뻘뻘 흘리며 지게에 쌀을 지고는 관청에 세금을 내러 왔소. 그런데 어떤 사람은 한쪽 어깨에 짊어지고 산책하듯 세금을 내러 왔소. 두

사람은 모두 자기가 살던 곳에서 거래되는 쌀 한 가마니를 가지고 온 것이었지. 공평하지 않은 것도 문제지만, 이렇게 해서는 세금을 걷어서 나라 살림을 할 수가 없지 않겠나. 사람들 사이의 거래에서도 문제가 생기지. 아까 두 사람이 서로 장사를 한다고 생각해 보시오. 쌀 한 가마니 주고 비단 한 폭 받기로 했는데, 쌀과 비단을 바꾸기 위해 만나서는 곧 싸움을 시작하지 않겠소? 비단 한 폭을 주고 쌀 한 가마니를 받아 가려고 지게를 가지고 왔는데, 한쪽 어깨에 짊어질 수 있는 가벼운 자루를 내놓았으니 싸움이 날 수밖에.

 서로 믿지 못해 그동안 장사가 활발하지 않았던 것이군요.

 그렇소. 도량형을 통일하는 것은 표준을 정해서 신뢰가 쌓일 수 있게 하는 것이오. 이것은 힘이 강력한 정부에서만 할 수 있는 일이지. 중국을 통일한 진나라 정도 되니까 시도할 수 있었던 것이오.

 도량형의 통일 말고 또 표준을 정한 게 있나요?

 화폐도 통일했소. 역시나 중국의 여러 나라에서 저마다 화폐를 만들어 쓰고 있었는데, 이것을 하나로 통일하는 것에도 힘을 기울였지. 그리고 나라마다 다른 달력도 통일하고, 수레의 폭도 통일하고.

 수레의 폭을 통일한다고요?

짐을 나르는 수레의 폭도 나라마다, 지역마다 달랐소. 수레의 폭을 맞추면 여러 가지 이점이 있다오. 수레를 이용해 물건을 나르고, 장사를 하다 보면 낯선 곳에서 수레가 망가지기도 하지 않겠소? 하지만 수레의 폭이 같기 때문에 어디서든 고장 난 곳의 부품을 바꿔 끼울 수 있지. 모두가 같은 규격의 부품을 사용해야 가능해지는 일이지.

도로를 포장하고 이용하는 데도 도움이 되겠지. 수레의 폭이 모두 다르다면 애써 길을 닦아 놔도 폭이 넓은 수레가 지나가지 못하는 경우가 생길 수 있으니 말이야. 만약 수레의 폭이 모두 같다면 도로의 폭을 통일할 수 있을 것이고, 그렇다면 수레를 가지고

못 가는 길이 없지 않겠소? 멀리 떨어진 곳으로의 여행이나 장사도 수월해질 것이고. 또한 수레에 실을 수 있는 짐의 무게나 부피도 표준화할 수 있지. 한 개의 수레로 나를 수 있는 쌀, 한 개의 수레에 실을 수 있는 화살 등을 계산할 수 있는 게요. 결국 세금을 걷고, 전쟁을 하고, 장사를 하는 데도 도움이 많이 되지.

그런 뜻이 숨어 있는 정책이었군요. 역시 중국을 처음으로 통일한 황제의 경제 정책으로 손색이 없네요. 마지막으로 백성들에게 하고 싶은 말이 있다면 해 주세요.

도량형의 통일, 화폐의 통일, 달력의 통일, 심지어 수레의 폭을 통일하는 것까지, 우리는 표준을 만들고 통일해 가는 과정을 겪었소. 익숙하게 사용하던 것들을 바꿔야 하기에 어색하고 불편했지만, 조금만 지나면 좀 더 나은 경제생활을 누릴 수 있소. 우리의 후손들은 아마도 더 많은 표준을 가지고 있게 되겠지. 어쩌면 커다란 배에 실을 수 있는 표준화된 상자를 만들어 사용할지도 모르오. 그렇게 되면 바다 건너 멀리 떨어진 나라들끼리도 서로 믿으며 장사를 하고 좀 더 경제적으로 풍요로운 세상이 될 수 있지 않겠소? 지금의 불편을 잠깐 참고, 하나씩 표준을 정해 나가는 길에 동참하길 바라오.

제2장
중국은 왜 가난해졌나

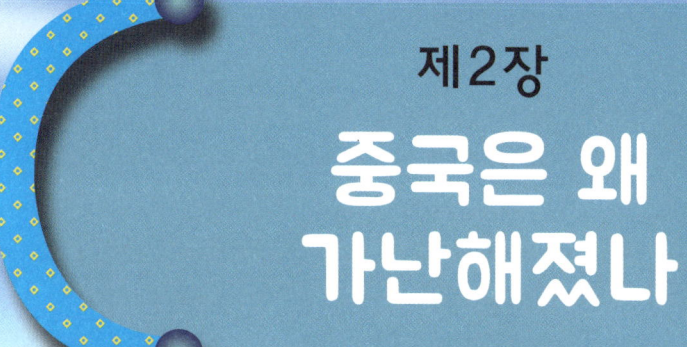

중국은 유럽의 여러 나라와 오랫동안 무역을 하면서 돈을 많이 벌었습니다. 덕분에 부자 나라가 되었지요. 유럽에서 가장 크고 화려한 궁전 중에 프랑스의 베르사유 궁전이 있습니다. 베르사유 궁전은 루이 14세가 만들었는데, 중국 황제가 살던 궁전을 본떠서 만들었다는 이야기도 있어요. 실제로 루이 14세는 중국 사람들이 입는 옷과 비슷하게 디자인한 옷을 입고, 중국인 분장을 한 채로 사람들 앞에 나서기도 했습니다.

그런데 부자였던 중국이 불과 200년~300년 만에 가장 가난한 나라가 되었어요. 먹을 것이 없어 수천만 명이 굶어 죽을 정도였지요. 도대체 어쩌다 이런 일이 벌어진 걸까요?

세금은 중요하다

경제와 세금

중국 사람들은 유럽 사람들에게 물건을 팔고 은을 받았어요. 중국 사람들은 왜 은을 달라고 했을까요? 그 이유를 알기 위해서는 먼저 세금을 살펴봐야 해요.

우리나라에서 1년에 가장 많은 돈을 쓰는 건 누구일까요? 스마트폰, 자동차를 만드는 대기업일까요? 가장 많은 돈을 쓰는 건 바로 대한민국 정부입니다. 군대를 훈련시키고, 경찰서나 소방서를 운영하는 것은 정부의 일이에요. 또한 정부는 길이나 다리를 만들고, 학교나 병원을 운영하기도 합니다. 이밖에도 정부에서 하는 일은 많아요. 할 일이 많으니 돈 쓸 곳도 많겠죠? 그래서 우리는 정부가 돈을 어떻게 쓰는지, 얼마나 많이 쓰는지 잘 살펴봐야 합니다.

정부는 필요한 돈을 대부분 국민에게 걷은 세금으로 해결합니다. 군대는 나라를 지키고, 경찰은 도둑을 잡고, 소방관은 불을 끕니다. 이 모든 것은 국민들을 위한 일이지요. 정부가 운영하는 학교, 병원도 마찬가지입니다. 우리에게 혜택이 돌아오는 일이니, 그 일을 하는 데 필요한 돈을 우리가 세금으로 냅니다.

돈 쓸 일이 너무 많았던 중국 조정

옛날 중국 조정도 돈이 필요했어요. 땅과 기후가 척박해 농사를 짓기 힘들었던 중국 북쪽과 서쪽에 있던 사람들은 말, 염소, 낙타 등을 기르며 살았습니다. 이들을 유목민(遊牧民)이라고 불러요. 유(遊)는 '떠돌아다니다', 목(牧)은 '가축을 기르다'는 뜻인데, 가축에게 먹일 풀이 자라는 초원을 찾아 떠돌아다니는 생활을 했기 때문에 붙여진 이름입니다. 유목민들은 풀이 자라는 봄부터 가을까지는 잘 살아갈 수 있었어요. 하지만 풀이 자라지 않는 겨울에는 가축을 기르기 어려웠어요. 겨울이 되면 유목민들의 식량이 떨어지기 일쑤였습니다.

먹을 것을 구하기 위해 유목민들은 중국으로 자주 쳐들어왔어요. 중국에는 가을에 수확한 곡식이 있었거든요. 1년 내내 고생해서 수확한 식량을 유목민에게 빼앗기는 것도 문제였지만, 그

흉노족 등 유목 민족의 침입을 막기 위해 만든 만리장성

과정에서 목숨을 잃는 중국 사람이 많다는 것도 큰 문제였습니다. 그래서 중국은 유목민의 침략을 막기 위해서 늘 큰 규모의 군대를 유지해야만 했어요. 심지어 유목민들이 중국으로 오지 못하게 중국 북쪽 전체에 성을 쌓으려고도 했습니다. 유명한 만리장성이 그것이지요.

겨울에는 유목민들이 쳐들어와서 문제였지만, 여름에도 골치아픈 일이 있었어요. 여름에는 비가 많이 와서 홍수가 자주 났습니다. 홍수가 나면 농사를 망치게 되죠. 그래서 홍수가 나지 않게 큰 강을 따라서 제방을 쌓았습니다. 하지만 강변에 높게 둑을 쌓아 올리는 것은 힘들고 돈도 많이 들어가는 어려운 일이었습니다.

그 외에도 중국에는 공사할 것이 많았어요. 강과 강을 연결해 운하를 파기도 했지요. 중국은 워낙 땅덩어리가 넓으니까 마차로 짐을 옮기는 것이 너무 힘들었거든요. 그런데 운하를 파고 배로 짐을 옮기면 쉽게 나를 수 있어요. 약 1,500년 전에 중국에는 수(隋)나라가 있었습니다. 수나라가 만든 대운하는 전체 길이가 무려 2,700킬로미터에 이르는 거대한 운하였어요. 중국에서는 이런 운하 공사도 많이 했습니다.

쌀가마니를 내고
몸으로 때우고

지금은 세금을 돈으로 내지만 예전에는 그렇지 않았어요. 많은 사람들이 농사를 지었기 때문에 곡식으로 세금을 내는 경우가 많았습니다. 농사를 지으면 보통 1년에 한두 번 수확하는데 수확할 때 곡식의 일부를 세금으로 냈어요.

세금으로 곡식을 내는 것 외에도 직접 일을 하는 경우도 있었어요. 조정에서 하는 일 가운데는 군대를 유지하는 일과 공사하는 일도 있습니다. 요즘은 군대를 유지하려고 비싼 무기를 사거나, 오랫동안 훈련을 받은 전문적인 군인을 길러 냅니다. 하지만 예전에는 그렇지 않았어요. 무엇보다도 군인이 많아야 했죠. 그래서 많은 백성들이 군대에서 훈련을 받고, 나라 곳곳을 지켜야 했습니다. 전쟁이 나면 전쟁터에도 나갔는데 이렇게 군대에 가는 것이 세금이었지요. 또한 조정에서 큰 성을 쌓거나 궁궐을 짓는 등의 공사를 할 때 많은 백성들이 한동안 공사장에서 일을 했어요. 이렇게 일을 하는 것도 세금이었지요.

예전 중국 사람들이 내던 세금은 크게 보면 물건으로 내는 것과 몸으로 때우는 것, 두 가지 종류였습니다.

받기도 보관하기도 쓰기도 불편한 세금

　곡식을 세금으로 걷다 보니 불편한 점이 한두 개가 아니었어요. 곡식을 수확할 때 한 번에 몰아서 세금을 냈는데 부피가 큰 곡식들을 모아 놓으니 그 양이 어마어마했어요. 세금으로 걷은 많은 곡식을 보관하기 위해 큰 창고도 지어야 했습니다. 창고 관리는 쉬운 일이 아니었어요. 벌레나 쥐들이 곡식을 파먹기도 했고, 보관을 잘못해 곡식이 썩어 버리기도 했습니다. 곡식을 농부들에게 걷어서 창고로 옮기고, 또 사용할 때마다 꺼내어 운반하기도 힘들었습니다. 쌀가마니가 무거웠거든요.

　한편 곡식을 세금으로 내는 것처럼 생활에 필요한 물건을 세금으로 내는 일도 많았습니다. 유목민으로부터 중국 사람들을 보호하기 위해 많은 군대가 있었는데 군인들이 살아가는 데 필요한 물건들을 세금으로 걷어간 것이었지요. 예를 들어 옷감이나 소금 같은 것들이 있어요.

중국에서는 비단을 많이 만들었어요. 비단은 누에고치를 키워서 만드는데, 그러려면 뽕나무를 길러야 합니다. 누에가 뽕나무 잎을 먹고 자라거든요. 그래서 뽕나무를 기르면서 곡식 농사를 짓지 않고 쌀을 사 먹는 사람들이 있었어요. 이 사람들은 비단을 세금으로 냈습니다.

곡식 농사를 짓지 않는다고 해서 모두 비단만 만든 것은 아니에

요. 누구는 곡괭이를 만들고, 누구는 마차를 만들고……. 온갖 물건들이 세금으로 들어옵니다. 창고 한쪽에는 곡식이 쌓이고, 저쪽에는 비단이 쌓여 갔어요. 물건들이 창고에 쌓여 갈수록 골치가 아팠어요. 부피가 크거나 상하기 쉬운 물건들 역시 운반이나 보관의 문제는 발생했거든요.

세금으로 직접 일을 하는 경우도 마찬가지였습니다. 군대에서 훈련받고 전쟁터에 나가거나, 성을 쌓고, 궁궐이나 제방을 만들고 고치는 일은 모두 힘들고 위험합니다. 그래서 사람들이 잘 하지 않으려고 했어요. 일하러 와서도 시간만 때우고 얼른 집으로 돌아가려고 했지요. 심지어 세금 내는 것이 힘들어 마을에서 도망치는 사람들도 생겼어요. 가혹한 세금을 내면서 마을에 사느니, 도망쳐서 숨어 사는 것이 낫겠다고 생각한 것이지요. 그렇다고 공사를 멈출 수는 없으니, 일하러 간 사람들이 도망간 사람들 몫까지 일해야 했습니다. 어떤 사람들은 돈을 주고 다른 사람들을 공사장에 보내기도 했고요.

편하게 걷고 편하게 쓰자
지정은제

고민하던 중국 조정은 여러 종류의 세금을 통일해서 돈으로 받기로 했어요. 중국 명(明)나라 때 일조편법(一條鞭法)이라는 제도가 만들어져요. 한 가지(一)의 조항(條)으로 세금을 통합한 것이지요. 편(鞭)은 채찍이라는 뜻이고, 법(法)은 말 그대로 법입니다. 채찍처럼 무서운 법이라는 뜻이에요. 지금도 그렇지만 옛날에도 세금을 안 내면 큰 벌을 받았어요. 당시에는 은 덩어리, 그러니까 은괴(銀塊)가 돈처럼 사용되었는데 이것으로 세금을 받았지요.

세금을 걷을 때는 공정한 기준이 있어야 합니다. 곡식으로 세금을 낼 때는 땅의 너비를 기준으로 정했어요. 하지만 어떤 땅은 넓지만 척박해서 곡식이 잘 자라지 않았고, 어떤 땅은 좁지만 기름져서 곡식이 많이 자라기도 했어요. 그래서 땅의 상태도 기준에 포함되었습니다.

세금으로 일을 하는 건 일할 수 있는 사람이 몇 명인지가 기준이 되었습니다. 군대에 가거나 공사하는 등의 일은 남자가 많이 하게 되는데 중국에서는 젊고 힘이 센 남자를 정남(丁男)이라고 불렀습니다.

명나라 다음에 중국을 다스린 청(淸)나라에서는 지정은제(地丁銀制)라는 제도가 생깁니다. 땅(地)과 사람(丁)으로 나뉘었던 세금을 하나로 묶어 은(銀)으로 받는 제도가, 지정은제였어요. 땅이 기준인 세금은 그나마 공정하게 계산할 수가 있었는데, 직접 일 하는 경우는 늘 문제가 많았어요. 세금을 걷는 관리가 뇌물을 준 사람을 빼 주거나 친한 사람을 봐주기도 했어요. 사람들이 열심히 일을 하지 않으니 공사도 잘 안 되고 군대도 약했습니다. 그래서 세금의 기준은 땅으로만 매기기로 했어요. 매겨진 세금은 은으로 내야 했습니다.

세금 제도와
중국 경제의 발전

　세금을 은으로만 내게 되자 많은 것들이 편리해졌습니다. 사람들은 농사를 짓거나 하던 일을 멈추고, 군대나 공사장에 갈 필요가 없어졌어요. 정해진 기준에 따라 세금을 내면 되었지요. 더구나 옛날처럼 곡식이나 비단을 힘들게 들고 관청에 갈 필요도 없어졌어요. 운반이 편한 은 덩어리만 있으면 되었으니까요.

　조정에서도 편했습니다. 더 이상 큰 창고를 만들어 관리할 필요가 없고, 곡식을 운반할 걱정도 할 필요가 없었습니다. 군대와 공사장에 왜 사람들이 안 오는지, 또 와서 일은 제대로 하는지 신경 쓸 필요도 없어졌지요. 필요한 일들은 돈을 주고 시키면 되니까요. 돈을 받는 직업 군인들을 뽑아서 군대도 운영하고, 큰 공사도 돈으로 인부를 사서 하게 되었습니다.

　조정에서 곡식이나 물건이 아닌 은으로 세금을 받게 되자 전보다 돈을 많이 쓸 수 있게 되었고, 돈을 많이 쓰니 새로운 일들이 생겼습니다.

　예전에는 관리들, 그러니까 공무원들에게 월급으로 땅을 나누어

줬어요. 그러면 관리들은 그 땅에서 수확한 곡식을 식량으로 사용하고, 남는 건 시장에 나가서 필요한 물건과 바꿨습니다.

그런데 이제 월급을 은, 즉 돈으로 받게 되었어요. 관리들은 시장에 가서 곡식을 사야 했습니다. 작은 생필품 가게만 있던 시장에 커다란 곡물 가게들이 생기기 시작했지요. 큰 상인들이 나타났고, 그 상인들이 품질 좋고 가격이 저렴한 물건들을 시장에 가져다 놓았어요. 사람들은 생활에 필요한 물건을 편리하게 살 수 있게 되었습니다. 일종의 대형 마트가 생긴 것입니다.

시장에서 많은 사람들이 다양한 물건을 사고팔면서 중국 경제가 크게 발전했어요. 외국에서 중국 물건을 많이 사 갔기 때문에 중국 경제가 성장하기도 했지만 세금 제도를 고친 덕분에 중국 경제가 더 발전할 수 있었습니다.

전쟁은
돈 때문에 일어난다

은을 되찾으려는
아편 전쟁

　세금 제도가 바뀌자 중국 사람들은 은이 많이 필요하게 되었어요. 그래서 유럽 사람들에게 은을 받고 물건을 팔기 시작했어요. 처음에는 유럽 사람들도 은만 가지고 가면 중국 물건을 살 수 있었으니 좋았습니다. 그런데 중국 물건을 너무 많이 수입하다 보니 문제가 생겼어요.

　한동안 유럽에서 힘을 발휘하던 에스파냐와 포르투갈이 서서히 물러나고 영국이 새롭게 등장합니다. 영국은 산업 혁명으로 엄청난 경제 성장을 하면서 강대국이 되었습니다. 그러나 영국도 중국 물건을 사지 않을 수 없었어요. 차, 도자기, 비단 모두 영국 사람들이 무척 좋아했거든요. 그런데 영국은 에스파냐나 포르투갈처럼 은을 충분히 구할 수 없었습니다. 어렵게 은을 구해 중국으로 가는 배에 실어야 했지요.

오랜 시간이 흐르자 영국의 불만은 쌓여 갔습니다. 중국 사람들이 영국 물건에는 도무지 관심이 없었거든요. 그래서 영국은 계속 중국 물건을 비싼 값에 사들이기만 했습니다. 덕분에 영국에 은이 생기면 곧바로 중국으로 흘러가 버렸어요.

그래서 영국은 나쁜 생각을 하게 됩니다. 영국의 식민지였던 인도에 커다란 양귀비 농장을 짓고, 대량으로 아편을 만들어서 중국에 팔기로 한 것입니다. 아편은 양귀비꽃 열매에서 나오는, 중독성이 심하고 몸에 해로운 마약입니다. 한번 아편의 맛을 본 사람은 끊을 수가 없었지요. 그래서 아편에 중독된 사람들에게 다시 아편을 비싸게 팔 수 있었어요.

처음에 영국 사람들은 중국 사람들에게 아편을 그냥 나누어 주어 아편에 중독되게 만들었습니다. 많은 중국 사람들이 아편에 중독되었지요. 그러자 그때부터 영국 사람들은 비싼 값에 아편을 팔기 시작했습니다. 물론 아편을 팔고 은을 받았지요. 덕분에 중국에 있던 많은 은이 영국으로 돌아오게 되었습니다.

아편 무역으로 영국은 엄청난 이익을 얻게 되었지만 중국 사람들은 점점 피폐해져 갔습니다. 이를 가만히 지켜볼 수 없었던 중국 조정은 아편을 들여오던 영국인들을 추방했어요.

그런데 영국은 이것이 부당하다며 중국을 상대로 전쟁을 일으켰습니다. 바로 아편 전쟁입니다. 치열한 전쟁에서 영국이 승리했고,

중국은 영국 사람들에게서 압수한 아편의 값을 배상해야만 했어요. 심지어 홍콩의 지배권까지 영국에 넘기게 되었어요. 이후 홍콩은 1997년 중국에 반환될 때까지 영국이 다스렸습니다.

갑자기 가난해진 중국

중국은 아편 무역으로 점점 은이 사라지자 큰 경제 위기를 맞이합니다. 중국에서는 세금을 은으로 내고 있었어요. 여러분이 평범한 농부라고 생각해 봅시다. 1년 동안 열심히 일해서 쌀농사를 지었어요. 그리고 먹을 것만 남기고 나머지 쌀을 시장에 팔러 갔습니다. 쌀을 팔고 은을 받아야 세금을 낼 수 있으니까요.

지금까지 쌀 열 가마니를 주면 은 한 덩어리와 바꿀 수 있었고, 이 은으로 세금을 냈습니다. 그런데 은이 자꾸 중국 바깥으로 나가다 보니, 은을 구하기 힘들어졌어요. 이제는 쌀 스무 가마니를 주어야 은 한 덩어리와 바꿀 수 있게 되었지요. 전에는 쌀 열 가마니만큼 세금을 냈는데, 이제 스무 가마니만큼 내야 해요. 세금을 은으로만 받으니까요.

이번에는 여러분이 영국 상인에게 차를 수출하는 큰 가게의 주인이라고 생각해 봅시다. 전에는 영국 상인이 와서 은 두 덩어리를 주고 차 한 상자를 가져갔어요. 그런데 영국 상인이 중국에 은이 없다는 것을 알게 되었지요. 그래서 이렇게 말합니다. "은 한 덩어리와 차 한 상자를 바꿉시다."

전에는 은 두 덩어리를 받으면 시장에 나가서 쌀 스무 가마니를 살 수 있었어요. 그런데 지금은 은 한 덩어리만 가지고 나가도 쌀 스무 가마니를 살 수 있어요. 그러니까 차를 수출하는 가게 주인 입장에서는 손해가 나지 않습니다. 그래서 가게 주인은 은 한 덩어리를 받고 차 한 상자를 팔아요. 가게 주인에게 손해는 없지만, 중국으로 들어오는 은이 줄어듭니다. 원래 은 두 덩어리가 들어왔어야 했는데, 은 한 덩어리만 들어오는 거니까요.

그러다 보니 중국 조정은 세금마저 걷기가 어려웠습니다. 그렇다고 조정에서 돈 쓸 일이 줄어들지도 않았어요. 심지어 영국하고 전쟁까지 하느라, 최신식 무기에 군함까지 사들였어요. 여기서 끝이 아니에요. 조정에 돈이 없어지게 되자 관리들 월급도 제대로 주기 힘들어졌어요. 그러자 관리들이 비리를 저지릅니다. 사람들한테 뇌물을 받고, 일도 열심히 하지 않았습니다. 중국 사회가 엄청나게 혼란스러워졌고, 사회가 혼란스러우니 중국 경제가 더 나빠지기 시작했습니다.

중국을 탐내는 일본

　중국은 넓은 나라예요. 그래서 조정이 휘청하면, 전국에서 난리가 나기 쉬워요. 호시탐탐 권력을 노리고 있던 지방의 힘 있는 사람들이 마음대로 군대를 만들거든요. 영국과의 전쟁에서도 지고 사회가 혼란스러워지자 중국 각 지역에서 군벌(軍閥)이라는 사람들이 생겼습니다. 군벌은 자기 군대를 거느리고 그 지역에서 왕처럼 행세하기 시작합니다. 자신의 군대가 그 지역 사람들을 지켜 줄 테니 세금을 내라고 하고는 마음대로 걷어 갔어요.

　문제는 군벌이 이미 세금을 걷었는데도, 조정에서도 세금을 걷었다는 점이에요. 백성들은 은을 마련하기가 점점 더 힘들어졌어요. 조정과 지역 군벌에 세금을 두 번이나 낸다고 생각해 보세요. 심지어 어떤 경우에는 한 지역에 여러 군벌이 생기기도 했어요. 그러면 각각의 군벌에 세금을 바쳐야 했지요.

사회가 혼란에 빠지고 경제가 나빠지면서, 중국은 빠르게 무너졌어요. 각 지역에서 민란이 일어났고, 중국을 만만히 본 유럽의 여러 나라들이 중국에 들어와 쓸 만한 자원들을 가져갔어요. 일찍부터 유럽 문물을 받아들여 군사력을 기른 일본은 중국을 상대로 전쟁까지 일으켰어요. 일본은 먼저 우리나라를 식민지로 만들었어요. 그리고 많은 자원을 수탈해 갔지요. 여기에 만족하지 못했던 일본은 만주 지역에 '만주국'이라는 나라를 세웠습니다. 원래 만주

➡ 1931년 만주를 행진하는 일본군의 모습

는 중국이 다스리고 있던 지역이었지만, 일본이 전쟁을 일으켜 이곳을 점령했거든요. 그리고 곧 중국과 전쟁을 시작했습니다.

  일본이 일으킨 전쟁에서, 일본군은 무려 1,000만 명이 넘는 중국 사람을 죽였어요. 중국은 큰 피해를 입었지요. 불과 얼마 전까지만 해도 중국은 전 세계 사람들의 부러움을 한몸에 받고, 프랑스의 루이 14세가 너무 부러워했던 나라였어요. 그러나 이제 중국은 참혹한 전쟁터가 되었습니다. 사실상 제대로 된 경제 활동을 할 수 없었습니다.

사회주의 때문에
경제가 나빠졌다?

무능했던 자본주의 정부

부강하던 중국이 차츰 무너지는 것을 보면서 중국 사람들은 새로운 중국을 만들려고 했어요. 한쪽에서는 중국이 자본주의를 택해야 한다고 생각했고, 다른 한쪽에서는 사회주의를 택해야 한다고 생각했습니다. 이들은 서로 치열하게 싸웠어요. 심지어 전쟁을 하기도 했습니다. 그러다가 일본이 침략해 오자 일단 힘을 모아 일본을 몰아내기로 했습니다.

일본과의 전쟁을 이끈 지도자는 자본주의를 신봉하는 국민당의 '장제스'라는 사람과, 사회주의에 찬성하는 공산당의 '마오쩌둥'이라는 사람이었어요. 둘은 힘을 합쳐 일본과의 전쟁을 승리로 이끌었습니다.

장제스와 마오쩌둥, 두 사람은 일본을 쫓아내고 새로운 중국을 만들기로 했습니다. 원래 중국에는 국민당을 지지하는 사람이 많았고 힘도 컸어요. 그래서 국민당이 새로운 중국 정부를 운영하기로 했고, 공산당은 여기에 참여했지요.

그런데 중국은 땅도 넓고, 사람도 많은 거대한 나라입니다. 국민당 정부는 이렇게 큰 중국을 다스릴 능력이 아직 없었어요. 국민당

➡ 타이완 섬으로 쫓겨간 국민당은 중화민국을 수립하고, 1948년 장제스는 중화민국의 초대 총통으로 취임했다.

정부가 중국에서 여러 가지 정책을 열심히 추진했지만, 많은 정책들이 실패했어요. 게다가 국민당의 공무원들은 비리를 많이 저질렀습니다.

일본과의 전쟁에서 승리한 후 다시 위대하고 부강한 중국에서 행복하게 살 수 있을 것이라고 기대했던 중국 사람들은 실망이 컸습니다. 그래서 국민당은 인기를 잃어 가고 대신 마오쩌둥의 공산당이 중국 사람들에게 많은 지지를 받게 되었어요.

여기에 놀란 국민당은 공산당을 무력으로 없애려고 했고, 국민

➜ 국민당을 몰아낸 마오쩌둥은 1949년, 중화인민공화국 수립을 선포했다.

당과 공산당은 다시 전쟁을 벌였습니다. 국민당은 병사의 수도 많고, 좋은 무기도 훨씬 많았지만, 결국 중국 사람들이 지지한 공산당에 패배했습니다. 국민당 사람들은 타이완 섬으로 쫓겨났어요. 그리고 중국 대륙에는 사회주의를 주장하는 공산당 정부가 들어섰습니다.

새롭게 중국을 다스리게 된 공산당의 마오쩌둥은 사회주의 국가를 만들 수 있게 되었습니다. 하지만 걱정이 앞섰어요. 중국 사람들의 힘에 놀랐거든요. 중국 사람들은 일본이 쳐들어왔을 때 끝까지 일본에 저항했고, 결국 몰아냈어요. 또한 국민당이 무능하고 부패하자 쫓아내 버렸어요. 그러고는 공산당을 지지해 주었지요. 만약 공산당이 나라를 제대로 다스리지 못한다면 국민당과 비슷한 처지가 될지도 모르는 일이었습니다.

중국은 여러모로 부족한 것이 많은 상황이었어요. 마오쩌둥은 마음이 조급했습니다. 서둘러 멋진 사회주의 국가를 만들고 싶었지요. 그래서 대약진 운동을 시작했습니다.

무리하게 진행한 대약진 운동

대약진 운동은 중국 경제를 빠르게 성장시키기 위한 정책이었어요. 당시 중국에 가장 많았던 것이 무엇이었을까요? 지금도 그렇지만, 당시에도 중국에는 사람이 많았어요. 마오쩌둥은 '중국의 노동자와 농민들이 모두 열심히, 그리고 더 오래 일을 하면 빠르게 경제가 성장할 수 있을 것이다!'라고 생각했습니다. 예를 들어 노동자 한 사람이 하루에 8시간 일을 해서, 의자를 여덟 개 만들 수 있다고 합시다. 만약 9시간을 일하면 아홉 개의 의자를 만들 수 있겠죠? 마오쩌둥은 모든 노동자들이 이렇게 열심히 일한다면 더 많은 물건을 만들어 내고, 경제도 빠르게 성장할 것이라고 예측했어요.

이 방법은 옛 소련에서 썼던 방법이기도 해요. 옛 소련도 사회주의를 시작했을 때 국력이 약했어요. 오랫동안 자본가와 노동자, 지주와 농민, 장교와 병사들이 전쟁에 가까운 싸움을 했으니 당연히 국력이 약해져 있었지요. 그래서 옛 소련의 모든 사람들이 평소보다 훨씬 열심히 그리고 오랜 시간 일을 했습니다. 짧은 기간 동안 경제는 크게 발전했어요. 정책이 잘 통한 거예요.

때마침 영국, 미국, 프랑스를 비롯한 자본주의 국가들은 대공황으로 엄청난 경제적 타격을 받고 있었어요. 자본주의 국가에서는 공장들이 문을 닫고, 실업자가 늘어났습니다. 반대로 사회주의 국가인 옛 소련은 경제가 쑥쑥 성장했지요. 마오쩌둥은 비슷한 정책을 중국에서도 쓰기로 했습니다.

큰 혼란을 겪었지만, 중국은 불과 얼마 전까지 전 세계에서 가장 잘나가는 나라였어요. 그러니 금방 경제적으로 부강해질 수 있다고 생각했습니다. 중국에는 사람도 많았고, 땅도 넓었으니 한 가지 목표를 정해 모두가 열심히 일하면 잘될 것이라고 보았습니다. 그래서 일단 철을 많이 생산하자는 목표를 정했고, 모든 사람들이 그 일에 뛰어들 수 있게 준비했어요.

어떤 나라의 경제력을 강철의 생산량으로 판단하기도 합니다. 공장에 필요한 기계, 자동차, 커다란 배 모두 철로 만듭니다. 건물을 지을 때도 철근이 필요하고, 기찻길도 철로 만들지요. 그러니 강철 생산량을 경제력의 척도로 보기도 합니다.

중국은 옛날에 철을 전 세계에서 가장 많이 만드는 나라였습니다. 하지만 100여 년의 혼란을 겪으면서 더 이상 철을 많이 만드는 나라가 아니었어요. 그래서 마오쩌둥은 결정을 내립니다. '중국은 최대한 빠른 시간 안에, 일본이나 영국보다 많은 철을 만들 수 있

어야 한다!'

 마오쩌둥의 결정에 따라 중국의 거의 모든 도시와 마을에 크고 작은 제철소가 들어서기 시작했어요. 동네마다 제철소가 생기면 한번에 철 생산량을 늘릴 수 있다는 생각이었지요. 실제로 철 생산량이 빠르게 늘어났습니다.

 그런데 문제가 있었습니다. 철을 만들려면 철광석이 많이 묻혀 있는 큰 광산을 찾고, 좋은 기계를 들여와 제철소를 지어야 합니다. 물론 광산을 찾고 제철소를 짓는 데는 돈과 시간이 많이 들지만, 이렇게 해야 좋은 철을 만들 수 있어요.

 그러나 중국에서는 동네마다 제철소를 지었지만 큰 광산을 찾지 않았어요. 대신 길거리에 버려져 있는 고철을 주워서 철을 만들었습니다. 이런 방법이 훨씬 빠른 기간에 많은 철을 만들 수 있다고 생각한 것이었어요.

 이렇게 동네마다 제철소를 짓고 나니 이상한 경쟁이 시작되었어요. '옆 마을 제철소에서는 철을 이만큼 만들었는데, 우리는 그보다 많이 만들어야 한다'는 식이었지요. 그러다 보니 멀쩡한 삽이나 곡괭이, 호미 같은 농기구를 녹여서 철을 만드는 일까지 벌어졌습니다. 농기구를 없앴으니 농사를 제대로 지을 수 없었겠죠? 때문에 식량을 충분히 생산하지 못하는 일이 벌어지고 말았습니다.

한편 철을 녹인다고 주변 숲에서 나무를 마구잡이로 베어다 제철소에서 땔감으로 쓰기도 했습니다. 숲에서 나무를 함부로 베어 내면 홍수가 쉽게 일어납니다. 나무가 흙을 붙잡고 있었는데, 나무가 없으니 비가 오면 흙이 강으로 쉽게 쓸려 내려가고, 쓸려 간 흙이 강바닥에 쌓이면 강바닥이 높아져요. 강바닥이 높아진 바람에 조금만 비가 와도 금방 강물이 흘러넘쳐서 농경지와 마을이 물에 잠기게 됩니다. 이 때문에 커다란 홍수가 중국에서 자주 일어났고, 많은 피해를 입었습니다.

'대약진 운동'을 하던 때 언뜻 보면 그럴싸하지만 오히려 경제를 해치는 일들이 많이 일어났습니다. 그 결과 수천만 명의 중국 사람이 굶어 죽는 일이 벌어졌습니다. 중국 경제는 큰 위기에 처하게 됩니다.

더 크게 실패한 문화 대혁명

1950년대 말에 시작한 대약진 운동은 엄청난 실패로 끝났습니다. 너무 조급하고 비과학적으로 진행되었기 때문입니다. 대약진 운동의 실패로 수천만 명이 굶어 죽는 일까지 벌어지면서 마오쩌둥은 궁지에 몰렸습니다. 마오쩌둥은 자신이 주장했던 정책이 실패하자 이번에는 문화 대혁명을 일으켰어요.

문화 대혁명은 '중국에 자본주의 사상에 젖어 있는 사람들이 있기 때문에 사회주의가 제대로 굴러가지 않는다. 이 사람들을 몰아내 자본주의적인 생각과 문화를 뜯어 고치자!'는 운동이었어요. 대

➔ 문화 대혁명 시기 건물 곳곳에 붉은 글씨로 구호를 적어 넣었다. 당시 공장으로 이용되던 건물 벽 한쪽에 '마오 주석 만세 만만세'라는 글씨가 쓰여 있다.

약진 운동이 1962년 정도에 멈추었는데, 문화 대혁명은 그 뒤를 이어 1966년부터 시작되었습니다.

이 운동을 지지하고 나선 것은 젊은 학생들이었어요. 학생들은 사회에 불만이 많았어요. 학생들은 원래 학교를 졸업하고 직장을 구할 계획이었습니다. 그런데 대약진 운동으로 경제가 너무 안 좋아져서 취직할 수 있는 마땅한 직장이 없었습니다. 왜 이런 상황이 온 건지 답답했지요. 이때 마오쩌둥이 이 모든 문제가 자본주의에 젖어 있는 사람들 때문이라고 주장한 것입니다. 젊은 학생들은 마오쩌둥의 말에 설득되었어요. 이렇게 설득된 사람들을 홍위병이라고 불렀습니다. 홍위병들은 전국 각지에서 시인이나 소설가, 대학 교수, 고위 공무원, 과학자와 연구자들을 공격했어요. 지식인들이 자본주의에 젖어 있다고 생각한 것이지요.

홍위병의 공격을 받은 지식인들은 자기 자리에서 쫓겨났어요. 이들은 중국에서 중요한 역할을 하고 있었어요. 교수, 공무원, 과학자, 연구자들이니 당연히 그렇지요. 그런데 홍위병들에게 쫓겨나서 그동안 해 오던 연구나 업무를 그만두어야 했습니다. 물론 대학이나 연구 시설, 정부의 주요 시설의 업무도 마비되었어요.

이렇게 되자 가뜩이나 나빴던 중국 경제가 더 나빠졌어요. 경제와 과학 기술을 비롯한 중요한 모든 분야에서 일하던 사람들을 쫓아냈으니 당연한 결과였지요. 놀란 마오쩌둥은 군인들을 동원해 홍위병들의 지나친 행동을 막아야 했습니다. 마오쩌둥은 자신에게 도움이 될 것이라고 생각했던 문화 대혁명을, 자기 손으로 진압하게 되었지요.

하지만 문화 대혁명은 쉽게 끝나지 않았어요. 결국 마오쩌둥이 세상을 떠난 1976년이 되어서야 어느 정도 정리가 되었습니다. 그러니까 1949년부터 1976년까지 중국은 사회주의를 하기 위한 여러 가지 시도를 했지만 마음먹은 대로 잘 안 되었습니다. 아직 사회주의 체제를 만들지도 못한 셈이었지요.

많은 사람들은 중국이 사회주의를 선택했기 때문에 경제가 점점 더 나빠졌다고 말합니다. 물론 그런 면이 있어요. 하지만 더 중요한 것은 잘못된 정책을 빠르고 강력하게 추진했기 때문이었어요. 중국은 전 세계에서 가장 가난한 나라들 가운데 하나로 남게 되었습니다.

나라는 부자인데 백성이 가난하면 금방 망한다

　수나라의 두 번째 황제인 수양제(隋煬帝)가 세 번에 걸친 고구려 원정에서 모두 실패하고 돌아왔습니다. 매번 수십만 대군을 이끌고 원정을 시도했는데요, 그 비용도 만만치 않았을 것으로 보입니다. 중국을 가로지르는 대운하 건설에서 고구려 원정까지, 그토록 많은 비용을 지출할 수 있었던 수양제의 경제 비법을 들어보겠습니다.

 안녕하세요? 차이나 기자입니다.

 내가 지금 안녕해 보이는가? 이번에도 고구려를 정벌하지 못하고 돌아왔단 말이네. 이번이 세 번째인데……. 정말 미칠 노릇이군!

 죄송합니다. 화를 거두시고요. 몇 가지만 여쭤 보도록 하겠습니다. 황제 폐하의 위대한 업적에 대한 것입니다.

 그래, 궁금한 게 뭔가?

 황제가 되고 나서, 중국을 가로지르는 대운하를 6년 남짓한 시간에 완성하고, 세 번에 걸쳐 수십만의 대군을 이끌고 고구려 정벌에 나섰습니다. 짧은 기간 동안 어떻게 이렇게 많은 일들을 할 수 있었던 건가요?

 아주 간단한 질문이군. 그야 황실의 곳간에 재물이 가득하니 가능한 일이지. 많은 사람들이 수나라 황실이 온갖 대형 공사와 전쟁 때문에 가난할 것이라고 생각하지만 그렇지 않네. 창고에는 아직도 재물이 충분히 많아.

제2장 중국은 왜 가난해졌나 **85**

놀라운 일이네요. 수나라가 생긴 지 얼마 되지 않는데, 어떻게 이렇게 부유해질 수 있었던 건가요?

수나라가 부유하지 않다면 그것이 더 이상한 일이겠지. 수나라를 세운 나의 아버지 수문제는 검소하기로 유명하셨다네. 비리를 저지르거나 예산을 허투루 쓰는 관리들은 엄하게 다스렸지. 공금을 횡령하거나 뇌물을 받으면 사형을 당할 정도였으니 말이야. 태자였던 나의 형님이 사치스러운 생활을 하다가 그 자리에서 쫓겨나, 덕분에 내가 황제가 될 수 있었지.

수양제께서는 화려한 잔치를 좋아하시는 것으로 유명한데 의외네요. 검소하게 지내던 시절이 있었군요?

그때는 황제가 아니었으니 그럴 수밖에……. 하지만 이제 황제가 되었으니 뭐든지 내 마음대로 할 수 있지.

지난번에 대운하를 따라 여행하면서 연 잔치가 매우 인상적이었는데요. 황제께서 타고 있는 배를 중심으로, 끝이 안 보일 정도로 늘어선 배들에서 화려한 잔치가 열리는 것을 보고는 많이 놀랐습니다.

대운하 이야기를 잘 꺼냈네. 내가 잔치를 좀 크게 한다고들 이야기하는데, 지금 수나라 창고에 쌓여 있는 곡식과 재물의 양을 보면 그 정도 잔치는 아무것도 아니지. 수나라 황실이 이렇게 부자가 될 수 있었던 것은, 아버지 수문제가 만들어 놓은 좋은 기초 위에서 나 수양제가 기막힌 경제 정책을 썼기 때문이라네. 대표적인 것이 대운하라고 할 수 있지.

대운하 공사에 끌려간 백성들의 생각은 그렇지 않던데요?

그건 하나만 알고 둘은 몰라서 하는 소리들이야. 대운하의 경제적 효과는 엄청나다네. 내가 황제가 되고 나서 수도를 장안에서 낙양으로 옮겼어. 장안이 역사와 전통을 자랑하는 유서 깊은 도시이기는 하지만, 중국 전체를 다스리기에는 너무 서쪽으로 치우쳐 있거든. 낙양은 장안보다 동쪽에 있는 곳으로 상업의 중심지야.

이곳 낙양에 새롭게 수도를 세우면서, 낙양을 중심으로 대운하를 완성해 갔지. 오랜 기간 동안 여기저기에 뚫어 놓은 운하를 낙양을 중심으로 이어서 연결했다네. 경제적으로 발달한 중국 남부 지역은 물자가 풍부하지. 이 물자를 대운하를 통해 낙양으로 가져와 장사를 하면 경제가 성장하는 것이야. 한편 대운하는 북쪽에서 매년 쳐들어오는 유목민을 막기 위해 군수 물자를 보내는 역할도 할 수 있지.

수도를 상업과 교통, 물류의 중심지로 옮기고, 운하들을 연결해 경제적 효과를 극대화시켰군요?

그렇지. 물자가 활발하게 움직이면 경제가 성장하게 마련이니까. 그러나 내가 이것만 했던 것은 아니야. 수나라는 농업 중심의 나라야. 그러니 농업이 발달해야지. 나는 균전제를 시행했다네. 어른 남자에게 가족의 수에 따라 땅을 나눠 주는 것이 균전제이지. 전에는 집에 노비가 얼마나 있는지를 계산해서 땅을 나눠 주었어. 때문에 노비를 많이 데리고 있던 귀족들이 땅을 더 많이 받을 수 있었다네. 그러나 내가 실행한 균전제에서는 백성을 기준으로 했고, 덕분에 귀족의 땅이 과도하게 늘어나는 것을 막을 수 있었지. 이후로 농토는 꾸준히 늘었어. 수나라 초창기 때보다 거의 2배 가까이 늘었다네.

엄청나군요!

뭘 이 정도를 가지고. 아직 끝나지 않았어. 인구도 두 배나 늘어났지. 매년 호구 조사를 통해 호적을 정리하니 인구도 정확하게 파악할 수 있었고. 인구를 알아야 세금을 정확히 부여하고 제대로 걷을 수 있지 않겠나.

 정복 전쟁에 정신이 팔려 있는 줄 알았더니, 경제에 큰 관심을 보이고 계셨군요?

 내가 지금 고구려에 지고 와서 기분이 나쁘다는 점을 잊지 말게. 어쨌건 수나라 황실은 아주 부유해. 그 덕분에 잔치도 크게 여러 번 하고, 정복 전쟁도 여러 번 할 수 있는 거야.

 그런데 황제와 황실은 이렇게 부유한데, 왜 백성들은 가난한 것이죠?

 백성들이 가난한 것이 무엇이 문젠가? 그건 백성들이 알아서 할 일 아닌가? 땅도 공평하게 나눠 주었겠다, 세금도 공평하게 걷겠다, 도대체 뭐가 문제지?

 하지만 가뭄이 들거나 하면 황실 창고에 쌓여 있는 곡식들을 백성들에게 나눠 주고, 하다못해 빌려 주기라도 해야 하는 것 아닌가요? 지난 가뭄 때도 백성들이 다들 고생이 많았다는데요.

이해할 수 없군. 제도 정비까지 잘하고, 심지어 과거 제도를 도입해 유능한 사람들을 관리로 뽑고 있는데, 가뭄 좀 들었다고 백성들에게 곡식을 막 나눠 주면 진짜 위기 상황이 오면 어떻게 하겠나? 제국의 경영은 그렇게 하는 것이 아니야.

하지만 화려한 잔치를 하거나, 정복 전쟁을 일으키는 횟수를 좀 줄여야 하지 않을까요? 백성들은 농사도 못 짓고 전쟁에 끌려가 죽기도 하는데, 황실에서는 흥청망청 잔치만 하고 있으니, 백성들이 화가 나지 않을까요?

 다시 이야기하지만 황실은 그 어느 때보다 부유하고, 창고에는 아직도 재물이 넉넉하게 쌓여 있다네. 이는 내 경제 정책의 성공 때문이야. 큰 그림을 그려야 할 황제가 백성들 하나하나의 사정까지 어찌 알겠나.

수양제 인터뷰 이후 수나라는 곧 망하고 말았습니다. 나라가 만들어진 지 불과 38년 만이었지요. 경제적으로 핍박받던 백성들이 일으킨 민란과 중국 곳곳에서 힘을 기르고 권력을 노리던 사람들의 반란 때문이었습니다. 그러나 수양제의 경제 정책은 이후 당나라의 발전에 큰 도움이 되었습니다.

한때 비단, 차, 도자기 등의 수출로 오랫동안 부를 쌓았던 중국은, 불과 200년 정도 사이에 지구상에서 가장 가난한 나라가 되었습니다. 유럽 사람들의 수탈, 일본과의 전쟁, 국민당과 공산당의 내전 등을 거치면서 태어난 사회주의 국가 중국은 대약진 운동과 문화 대혁명의 실패로 커다란 경제 위기를 맞이합니다.

하지만 이런 위기 속에서 중국은 다시 힘을 발휘하기 시작해요. 불과 30년 전까지만 해도 중국은 지구상에서 가장 가난한 나라 가운데 하나였지만, 지금은 미국과 어깨를 나란히 하는 부유한 나라가 되었지요. 도대체 중국에서 무슨 일이 있었던 걸까요?

잘못된 것만 수습해도
경제가 돌아간다

새로운 지도자
덩샤오핑

마오쩌둥이 세상을 떠나고 중국을 다스리게 된 사람이 덩샤오핑이에요. 덩샤오핑은 마오쩌둥보다 어렸지만, 중국이 일본과 전쟁을 할 때부터 마오쩌둥 곁에 있었습니다. 중국에서 일본을 몰아낸 다음, 장제스의 국민당과 전쟁할 때도 덩샤오핑은 중요한 역할을 했지요. 그리고 대약진 운동 때도 중요한 직책을 맡았어요.

덩샤오핑도 처음에는 대약진 운동에 찬성했습니다. 그런데 실제로 벌어지는 일들을 보고 나서 잘못된 정책이라는 것을 깨달았어요. 결국 대약진 운동이 실패로 돌아가자, 마오쩌둥은 문화 대혁명을 일으켜 실패 원인을 다른 사람들 탓으로 돌렸습니다. 덩샤오핑도 문화 대혁명 때 자본주의 생각에 젖어 있는 사람으로 몰려서 고통을 겪었습니다. 하지만 덩샤오핑은 능력이 뛰어난 사람이었어요. 이를 잘 알고 있던 마오쩌둥은 덩샤오핑이 다시 권력을 잡을 수 있게 해 주었어요. 대약진 운동과 문화 대혁명의 실패를 수습할

➡ 덩샤오핑(오른쪽)과 마오쩌둥(가운데)의 모습

사람이 덩샤오핑밖에 없다고 생각했거든요. 그렇게 덩샤오핑에게 권력을 넘기고 마오쩌둥은 사라졌습니다.

덩샤오핑 앞에 펼쳐진 중국은 답이 없었어요. 모든 분야에 문제가 있었기 때문에, 새로운 정책을 벌이기도 쉽지 않았어요. 덩샤오핑은 일단 꼬여 있던 문제들을 정돈(整頓)하기로 합니다. 정돈은 원래 중국 공산당의 군대인 인민 해방군에서 사용하던 용어예요. 군대가 전투를 치른 후 사용했던 장비를 원래 위치에 다시 가져다 놓는 것을 정돈이라고 불렀습니다. 덩샤오핑은 중국을 대약진 운동과 문화 대혁명 이전 상태로 돌려놓아야 한다고 생각했어요. 원래 상태로 되돌려 놓은 다음 다시 시작해야 한다고 생각했거든요. 그래서 정돈하기 시작했습니다.

원상회복하는 일, 정돈 정책

덩샤오핑은 우선 멈춰 버린 대학과 연구 시설을 원래대로 돌리려고 했습니다. 대학과 연구 시설은 문화 대혁명으로 인해 피해를 많이 보았어요. 홍위병들이 지식인들을 다 쫓아내 기술과 학문을 연구할 사람도, 가르칠 사람도 없었거든요. 심지어 대학에 들어가는 데 시험도 보지 않았습니다. 그러니 학생들도 제대로 뽑을 수 없었습니다. 그래서 덩샤오핑은 우선 대학 입시 제도를 다시 시작했어요. 이제 학생들은 시험을 봐야 했고, 성적이 좋아야 대학에 들어갈 수 있게 되었습니다. 덩샤오핑은 교수, 연구자, 학자들도 다시 불러들였어요. 몇 년 동안 진행되지 못했던 강의와 연구가 다시 시작되었지요.

덩샤오핑은 이렇게 대학을 정돈하는 것으로 시작해 군대, 정부, 각종 공장과 기업 등을 정돈해 나가기 시작했어요. 이렇게 어느 정도 정돈이 끝나고 나니 중국의 경제가 조금씩 돌아가기 시작했습니다.

실험하기 좋았던
넓은 땅

부강한 사회주의 국가 되기

　대약진 운동과 문화 대혁명을 수습하고 나니 1970년대 후반이 되었습니다. 정돈을 어느 정도 마친 덩샤오핑은 이제 중국 경제를 성장시키려고 했습니다. 덩샤오핑은 중국이 부강한 사회주의 국가가 되기를 바랐지만, 중국은 너무 가난했어요. 이렇게 가난해서는 사회주의를 제대로 할 수가 없었어요.

　사회주의가 잘 되려면 우선 기술과 공업이 발달해야 해요. 사회주의는 공장과 기계 같은 생산 수단을 사장이나 CEO 등 개인이 가지는 것이 아니라, 사회가 함께 나눠 가지는 것입니다. 개인이 생산 수단을 가지면 노동자들은 적은 돈을 받고, 사장만 큰돈을 갖게 되는 경우가 많아요. 반대로 노동조합이나 지역 주민들, 정부가 공장과 회사의 주인이 되면 이익을 공평하게 나누어 가질 수 있습니다. 그러나 실제 사회주의 국가에서도 이익을 골고루 나누어 가지지 못했어요. 물론 이익도 잘 나지 않았지만요.

어쨌건 사회가 생산 수단을 가지려면, 우선 생산 수단이 있어야 합니다. 중국은 경제가 너무 나빠서 생산 수단 자체가 없었어요. 기술과 공업이 발달하지 못하고, 여전히 많은 사람들이 농사를 지으며 살았지요. 덩샤오핑은 중국이 부강한 사회주의 국가가 되려면 생산 수단이 먼저 생겨야 한다고 생각했어요. 우선 기술과 공업이 발달해서 경제가 발전해야, 그다음에 나눌 수 있는 무엇인가가 생긴다는 것이지요. 그러니 어떻게든 경제를 발전시킬 방법을 찾아야 했어요.

사회주의 국가들의 경제 개발 방법, 개혁과 개방

덩샤오핑은 경제를 발전시킬 방법으로 개혁·개방을 시도하게 됩니다. 중국은 세계에서 제일 가난한 축에 드는 나라였어요. 더 잃어버릴 것도 내려갈 것도 없다고 생각하니, 개혁·개방을 확실하게 밀어붙일 수가 있었습니다.

지금 전 세계에 있는 사회주의 국가는 중국, 베트남, 쿠바, 라오스, 북한 정도가 전부입니다. 하지만 30년~40년 전까지만 해도 전 세계 나라들 가운데 1/3 정도만 자본주의 국가였습니다. 1/3은 사회주의 국가였고, 나머지 1/3은 사회주의 국가와 비슷한 모습을 한 나라들이었습니다.

사회주의 국가들은 옛 소련을 중심으로 해서 살아갔어요. 이들은 미국을 중심으로 하는 자본주의 국가들과 치열하게 경쟁을 벌였지요. 사회주의 국가와 자본주의 국가는 정치와 군사 분야에서는 비슷하게 경쟁을 했고, 과학과 기술 부분에서도 엎치락뒤치락했습니다. 세계 최초로 옛 소련이 인공위성과 유인 우주선을 만들자, 미국은 달에 사람을 보내기 위해 엄청난 노력을 했어요.

그런데 유독 경제 부분에서는 사회주의 국가들이 계속 뒤쳐졌어요. 특히 사회주의 국가에서는 일상생활에서 사용하는 물건들을 충분히 생산하지 못했어요. 그러다 보니 사회주의 국가에 사는 사람들은 답답했습니다. 인공위성을 만드는 기술이 있는 나라에 살고 있는데, 치약이나 비누를 구하기가 어려웠으니 얼마나 황당하겠어요.

이렇게 중국을 비롯해 사회주의 국가에 사는 사람들은, 차이는

있지만 다들 경제적으로 어려움을 겪고 있었어요. 이런 경제적인 어려움을 벗어나기 위해 여러 시도를 하는데, 대표적인 것이 '개혁·개방'입니다. 비효율적인 경제를 개혁하고, 외국과 교역하기 위해 개방하겠다는 것이지요.

우물쭈물할 여유가 없었던 중국

많은 사회주의 국가들이 개혁·개방을 했지만 대부분 실패했습니다. 대표적으로 옛 소련이 그랬지요. 옛 소련은 이미 50년 넘게 사회주의 국가를 유지하고 있었어요. 옛 소련에서는 개혁·개방에 대한 의견이 잘 모아지지 않았어요. 개혁·개방을 하는 것이 좋을지, 하게 되면 어떻게 해야 할지 사람들의 의견이 많이 달랐지요. 게다가 혹시라도 개혁·개방을 잘못했다가 자본주의가 빠르게 퍼져서 나라에 큰 위기가 닥치는 것은 아닐까 걱정도 많았습니다. 사회주의와 자본주의가 서로 전쟁하듯 경쟁하고 있었고, 상대에게 질까 봐 모두들 걱정이 많았거든요. 그러다 보니 옛 소련은 국가가 무너지는 그날까지도, 개혁·개방에 머뭇거렸지요.

하지만 중국은 달랐어요. 경제가 너무 안 좋았기 때문에, 오히려 쉽게 결정할 수 있었어요. 경제가 너무 나쁘니 어차피 사회주의도 제대로 실현하기 어려운 상황이었거든요. 그래서 우선 경제부터 발전시키고 보자고 생각했어요. 개혁·개방을 이렇게 할까 저렇게 할까, 우물쭈물하면서 시간만 보내는 실수를 하지 않았어요. 잘 발달되지 못했던 사회주의 경제가 개혁·개방에 오히려 도움이 되었지요.

➔ 1975년 베이징에서 미국 대통령과 정상회담을 하고 있는 덩샤오핑(가운데)

먼 곳에 마련된 경제 실험실

중국의 땅덩어리가 넓은 것도 개혁·개방을 하는 데에 큰 도움이 되었습니다. 사회주의 국가들이 개혁·개방을 실시하는 방법은 비슷했어요. 먼저 외국과 교류가 편한 항구 도시를 정해요. 이곳을 보통 '경제특구'라고 부릅니다. 경제특구 안에서는 외국과 자유롭게 무역을 할 수 있습니다. 또 그 안에서는 외국 사람들이 공장을 짓고 물건을 만들 수도 있어요. 물론 만든 물건은 다시 외국으로 가지고 나가서 팔기도 해요.

어떤 지역에 경제특구가 생기면 회사나 공장이 많아져서 지역 사람들이 취직할 곳이 늘어나게 됩니다. 노동자들이 취직해서 월급도 많이 받게 되니 전에는 살 수 없었던 여러 물건을 사는 등 경제 활동이 활발해지죠. 사람들은 저축하고, 기술을 배워 스스로 회사를 만들기도 해요. 이런 것들이 맞물리다 보니 경제가 성장하게 되지요. 그러다가 경제특구 주변으로도 이런 일들이 퍼져나가요. 나중에는 온 나라 모든 곳에서 경제가 발전할 수 있어요.

그런데 사회주의 국가들은 경제특구를 정하고, 늘 고민에 빠졌어요. 혹시 경제특구로 자본주의 사상이 너무 빠르게 들어와, 다른 지역까지 자본주의의 사상에 물드는 것은 아닐까 걱정했어요. 자본주의 방식으로 운영되는 경제특구에는 돈을 많이 벌 수 있는 기회가 있어요. 그러면 사람들이 자연스럽게 사회주의보다 자본주의가 더 좋다고 생각할 수 있겠죠? 그러다 보면 국민 모두가 사회주의에 반대할지도 몰라요. 경제를 키우려다가 나라가 망하는 경우가 생길 수 있습니다.

중국도 다른 사회주의 국가들과 비슷하게 고민스러웠습니다. 하지만 중국은 땅이 매우 넓었어요. 그래서 중국의 중심이 아닌 변두리에서, 아주 작은 규모로 경제특구를 실험해 보기로 했습니다.

먼저 산터우(汕頭), 주하이(珠海), 샤먼(廈門), 선전(深圳)이라는 네 군데의 경제특구 후보지를 정했어요. 모두 중국 수도인 베이징(北京)에서 수천 킬로미터나 떨어져 있는 곳이었고, 바닷가에 접해 있었어요. 경제특구로 정해진 곳 주변에는 철조망을 두르고 군인들이 지켰어요. 사람들이 경제특구 안과 밖을 자유롭게 왔다 갔다 할 수 없게 만든 것이지요. 대신 경제특구 안에서는 외국 사람들도 자유롭게 경제 활동을 할 수 있게 했어요.

선전 경제특구

경제특구로 뽑힌 마을 가운데 선전이라는 곳이 제일 유명해요. 선전에는 농업과 어업을 주로 하는 30만 명 정도의 사람들이 살고 있었어요. 선전은 경제가 발달한 홍콩과 가까웠습니다. 하지만 교통이 발달한 요즘도 베이징에서 선전에 가려면 기차로 하루를 달려가야 할 만큼 수도에서 멀리 떨어져 있는 곳이에요. 수도에서 멀리 떨어져 있는 만큼, 안전하게 개혁·개방을 실험해 볼 수 있었습니다. 여러모로 선전이 안성맞춤이라고 생각했던 중국의 지도자 덩샤오핑은, 1980년에 선전에서 길이 49킬로미터, 평균 폭 7킬로미터 정도의 작은 땅을 중국의 첫 번째 경제특구로 정했습니다. 이후 선전은 어떻게 변했을까요?

2013년에 사람들이 선전에 대한 조사를 했어요. 그랬더니 선전시는 인구가 1,000만 명 이상으로 늘어났고, 중국에서 가장 잘사는 곳이 되어 있었습니다.

한 나라가 얼마나 부유한지 계산할 때 GDP를 기준으로 삼는 경우가 많습니다. 한 나라 안에서 1년 동안 만들어진 상품을 모두 더한 값이에요. 상품에는 눈에 보이는 물건도 있지만, 눈에 보이지 않는 서비스 같은 것들도 포함됩니다. 이렇게 생산된 상품을 모두 더해서 그 지역에 살고 있는 사람의 수로 나누어요. 아무리 상품을 많이 생산했다고 해도, 생산한 사람이 너무 많으면 비효율적이어서 의미가 없으니까요. 이것을 1인당 GDP라고 부르는데, 1인당 GDP가 높으면 부유한 지역이라고 할 수 있어요. 그러면 선전에 사는 사람 한 명이 1년 동안 만들어 낸 상품은 얼마나 되었을까요?

우리나라 1인당 GDP가 2만 8,000달러 정도인데 선전의 1인당 GDP가 2만 4,000달러예요. 우리나라랑 거의 비슷하죠. 중국 전체의 평균 1인당 GDP가 아직 6,000달러 정도인 것과 비교하면 엄청난 액수예요. 선전 경제특구가 시작되던 1980년과 2013년을 비

➔ 2016년 세계 3위의 물동량을 기록한 선전항

교하면 경제가 7,000배가 넘게 성장했다고 합니다. 작은 어촌 마을이었던 선전은 중국에서 경제적으로 매우 중요한 곳이 되었습니다. 그래서 우리나라의 대기업인 삼성, 엘지는 물론이고 세계적인 기업들이 선전에 공장과 사무실을 두고 있어요.

선전을 비롯해 중국이 경제특구로 정한 네 곳은 모두 경제적으로 큰 성공을 거두었습니다. 그러자 중국은 개혁·개방 지역을 약간 더 넓힙니다. 이번에는 바닷가에 붙어 있는 항구 도시 12곳에서 이런 정책을 시작했어요. 그리고 다음에는 중국 서쪽에 있는 내륙 지역에서 실시했습니다. 이렇게 변두리부터 시작하여 조금씩 지역을 넓히면서 실험할 수 있었던 건 중국 땅이 넓었기 때문입니다.

화교와 선진국의
투자를 받다

투자자들에겐 기회의 땅

중국이 개혁·개방으로 경제를 성장시킬 수 있었던 데는 다른 이유도 있었습니다. 중국에 투자를 하고 싶어 한 사람들이 많았다는 점도 그 이유 중 하나입니다. 중국이 본격적으로 경제를 성장시킬 때, 돈을 많이 가지고 있던 미국, 유럽, 일본의 기업가들은 투자할 곳을 찾고 있었어요. 미국이나 유럽, 일본에서는 노동자들의 월급이 너무 많이 올라가서, 싼 가격에 물건을 만들기 어려웠어요. 그래서 월급을 조금만 줘도 열심히 일하고 기술도 좋은 사람들을 찾아야 했습니다.

당시 중국은 가장 가난한 나라들 가운데 하나였으니 월급을 조금만 주어도 일하려는 사람이 많았어요. 때마침 중국을 통치하던 덩샤오핑은 외국 사람들의 돈을 투자 받아서 경제를 발전시키고 싶어 했어요. 그래서 돈을 투자하는 외국 사람들에게 혜택을 많이 주었지요. 자연스럽게 중국에 투자하려는 사람이 늘어나기 시작했습니다.

이 가운데는 화교(華僑)들도 있었습니다. '꽃피울 화(華)'는 중국을 뜻하는 한자로 쓰입니다. '교(僑)'는 타향살이를 하는 사람을 뜻하지요. 그러니까 화교는 외국에 살고 있는 중국 사람들을 뜻합니다.

중국 밖에 사는 중국 사람들의 투자

중국 사람들은 옛날부터 중국 밖에서도 많이 살았어요. 중국 사람들은 외국에서도 중국어를 계속 사용하고, 중국 문화를 유지하고, 중국인이라는 사실에 자부심을 가지면서 함께 모여서 살았지요. 차이나타운이라고 들어본 적이 있을 거예요. 뉴욕,

파리, 런던 등 유명한 대도시에 가면 차이나타운이 있어요. 중국 사람들이 모여서 사는 곳입니다. 차이나타운에 가면 중국 음식을 먹을 수도 있고 중국 문화를 즐길 수도 있어서, 관광 명소인 경우가 많습니다.

중국 사람들은 외국에서 살더라도 중국인임을 잊지 않았어요. 그런 사람들 중에는 수완이 좋아서, 혹은 기술이 좋아서 부자가 된

▶ 미국에서 가장 큰 샌프란시스코 차이나타운

사람들도 많았습니다. 부자 화교들은 중국 주변의 홍콩, 싱가포르, 타이완 섬의 중화민국이나 미국, 영국 등 경제가 발전한 곳에 많이 살았어요. 그리고 중국 대륙에 있는 사람들이 힘들게 사는 모습을 보며 안타까워했습니다.

부자 화교들은 중국이 개혁·개방을 한다고 하자 중국에 적극적으로 투자를 했습니다. 물론 도와주기만 한 것은 아니었습니다. 화교들은 중국에 투자하는 것이 좋은 기회라고 생각했어요. 중국에는 사람이 많이 살기 때문에 중국에서 물건을 만들어 중국에 팔면 돈을 많이 벌 수 있을 것이라고 내다봤어요. 중국에서는 노동자들의 월급이 적었기 때문에 물건을 싼값에 만들 수 있었어요. 게다가 공장을 운영할 때 노동자들과 중국어로 말하면 되니 편했습니다. 중국 정부도 화교들이 투자할 경우 많은 혜택을 주었지요.

중국에 투자하면
미래에 투자하는 것

다른 외국 기업들도 중국에 투자를 많이 했어요. 외국 기업들도 비슷한 이유였지요. 중국이 나중에 커다란 시장이 될 것이라고 내다보았던 것입니다.

보통 기업들이 다른 나라에 투자할 때는, 그 지역 노동자의 월급이 싸다는 점만을 보는 경우가 있어요. 월급이 싸니까 물건을 싸게 만들 수 있고, 싸게 만든 물건을 유럽이나 미국 같은 곳에 가지고 가서 팔면 이득이 된다고 생각해요. 그런데 이런 경우에는 복잡한 기계나 어려운 기술이 필요한, 비싼 물건을 만드는 공장을 짓지 않습니다. 노동자들이 직접 손으로 만드는 단순한 물건을 주로 생산하려고 하지요.

어려운 기술이 필요한 비싸고 복잡한 물건을 만들려면, 투자한 지역의 노동자들에게 기술을 가르쳐 줘야 합니다. 그러면 시간과 돈이 많이 들고, 기술을 배운 그 지역 사람들에게는 월급도 올려 줘야 해요. 게다가 기술을 배운 사람들끼리 모여 공장을 만들면 경쟁 상대가 될 수도 있어 위험하다고 생각했습니다. 그래서 보통 기업들이 다른 나라에 투자할 때는 단순한 일만 하면 되는 공장을 세우고 싼 물건을 만들다가, 노동자들 월급이 오르면 다른 곳으로 공장을 옮겨 버립니다. 결국 그 지역에는 큰 도움이 되지 않습니다.

그런데 개혁·개방 당시 중국에 투자한 외국 기업들은 그렇지 않았어요. 복잡한 기계를 들여오고 어려운 기술도 중국 사람들에게 알려 주었어요. 중국 사람들과 친해지면, 나중에 중국에서 계속 장사하는 데 도움이 될 것이라고 생각했거든요. 다른 나라의 경제특구와 달리 중국의 경제특구에는 외국 기업들이 이런 마음을 먹고 들어왔습니다. 자연스럽게 중국 사람들이 복잡한 기계를 다루어 볼 기회가 생겼고, 어려운 기술도 배울 수 있게 되었지요. 이것은 중국에게 큰 도움이 되었습니다.

최신의 법과 제도를
받아들이다

어설픈 밑그림보다 나은 백지 상태

덩샤오핑과 중국의 지도자들은 개혁·개방으로 경제가 발전하기를 바랐지만, 지금처럼 중국이 성장할 것이라고는 예측하지 못했어요. 붕괴 직전에 있던 중국 경제를 어떻게든 살리는 것이 최우선이었지요. 위기에서 벗어나기 위해 여러 가지 방법을 썼고, 그 가운데 하나가 개혁·개방이었습니다. 그래서 개혁·개방을 할 때 계획을 구체적으로 세웠거나 준비를 촘촘하게 잘한 것은 아니었어요. 외국의 기업이 들어오고, 중국 정부도 투자해서 회사를 만들기는 했는데, 어떻게 운영하면 좋을지 잘 몰랐어요. 원래는 외국의 사례도 연구하고, 차분하게 작은 회사부터 운영했어야 했는데, 그럴 시간이 없었거든요. 그래서 중국은 외국의 조언을 그대로 받아들이기로 마음먹었어요.

중국은 경제특구에 들어오는 외국 회사들이 하자는 대로 했어요. 외국 기업가들이 A라는 제도가 필요하다고 말하면, A라는 제도를 만들었어요. B라는 방식으로 회사를 운영하자고 하면, B라는 방식으로 회사를 운영했지요. 얼핏 보면 중국이 외국 기업가들에

게 끌려 다닌 것처럼 보이지만, 사실 중국 입장에서도 이득이 많았습니다. 외국 기업가들도 중국에 만든 회사가 망하면 안 되니까 최선을 다해서 조언했거든요. 그 조언들은 모두 외국 기업가들의 실패와 성공 경험에서 나온 것이었지요. 중국은 그 조언에 따라 실패 없이 회사를 키울 수 있었습니다.

만들고 나니 모든 것이 최신

중국의 개혁·개방에서 외국 회사들의 제안은 큰 역할을 했어요. 예를 들어 중국에는 물건을 사고파는 것, 기업을 운영하는 것, 기업이나 개인 간에 거래하는 것 등에 대한 법과 제도가 없었어요. 중국이 사회주의 국가이니까 당연한 얘기지요. 사회주의 국가 안에서는 생산 수단을 회사에서 일하는 노동자들, 지방 자치 단체, 국가가 가질 수 있어요. 하지만 실제로는 대부분 지방 자치 단체와 국가가 갖지요.

생산 수단을 지방 자치 단체나 국가가 가지고 있으면, 물건 등을 거래할 때 굳이 법 같은 것을 만들 필요가 없어요. 그냥 지위가 높은 공무원들이 서로 만나서 '이건 이렇게, 저건 저렇게 하자'고 정하는 것으로 충분했지요. 그렇게 정한 대로 서로 원료나 만든 물건을 나누어 가졌어요. 심지어 사기를 칠 수도 없었어요. 누가 회사에 필요한 제품을 떼먹고 도망간다고 해도 다른 어느 곳에도 팔 수가 없잖아요. 그러니 물건 거래에 대한 법 같은 것이 필요 없죠.

하지만 외국 기업들이 들어오자 이런 방식으로 계속할 수가 없었습니다. 자본주의에서는 서로 잘 모르는 개인들 사이의 거래가 주로 이루어져요. 서로 잘 알지 못하는 개인들이 거래를 하는데, 법이 없으면 어떻게 될까요? 서로 믿지 못해 거래를 못하면 공장을 돌릴 수도, 물건을 만들어 팔 수도 없어요.

그래서 외국 기업들은 중국에서 공장을 짓고 물건을 파는 데 필요한 법과 제도를 만들자고 했어요. 중국 정부는 외국 기업들의 말대로 법과 제도를 만들었어요. 그런데 원래 없던 것을 새로 만드는 것이니 기왕이면 새것으로 만들게 됩니다. 그래서 중국에서 새로 만들어진 법과 제도는 가장 좋은 최신의 것들로 구성되었어요.

중국의 지금 제도 가운데 외국의 것을 그대로 들여온 것이 매우 많아요. 기업이 공장을 짓고 물건을 만들 때 필요한 돈을 빌리는 은행 제도, 기업에 고용된 노동자들을 관리하는 방법, 여러 회사를 하나로 묶어서 관리하는 방법, 회사를 경영하는 기법, 외국에 물건을 수출하고 수입하는 방법 등이 그것입니다. 결과적으로는 중국 경제와 관련된 제도나 기법들은 최신의 것들로만 구성되었지요.

우연과 노력이 만든 엄청난 경제 성장

중국은 다른 사회주의 국가들과 달리 개혁·개방에 성공했어요. 중국 경제는 정말 모두가 놀랄 정도로 빠르게, 그리고 크게 성장했지요. 1980년 경제특구를 정하고 개혁·개방을 시작할 당시 중국의 GDP는 1,500억 달러 정도였다고 합니다. 그런데 2015년에는 11조 달러가 되었다고 하니, 30년 사이에 100배가 조금 안 되게 커진 것이지요. 세계 1위인 미국에 이어 두 번째예요. 마오쩌둥이 대약진 운동을 시작하면서 내세웠던 일본과 영국을 따라잡는 것도 성공한 셈입니다. 일본이 4조 달러로 3위, 영국은 2조 8천억 달러로 5위거든요.

중국이 급격히 경제 성장을 한 덕분에 중국 사람들은 이제 더 이상 굶어 죽을 걱정은 하지 않아요. 오히려 중국에서 만든 싸고 좋은 다양한 물건들을 사지 못해 전 세계 사람들이 아우성이지요. 마치 200년 전에 유럽 사람들이 중국의 차, 비단, 도자기를 사지 못해 난리가 났던 때와 비슷해요.

중국이 경제적으로 크게 성장할 수 있었던 이유는, 중국 사람들이 특별히 뛰어났기 때문은 아니에요. 오히려 중국 경제를 주변에서 많이 도와준 덕분이지요.

우리나라도 마찬가지였어요. 한국전쟁이 끝나고 북한은 사회주의, 남한은 자본주의를 택했는데 북한이 더 부유했어요. 그러자 자본주의가 더 잘사는 모습을 보여 주어야 한다고, 미국을 비롯한 자본주의 국가들이 남한에 돈도 많이 빌려주고 기술도 많이 알려 주었습니다. 심지어 품질이 조금 떨어져도 남한에서 만든 물건을 많이 사 주었어요.

때마침 남한이 경제를 성장시키기 위해 옷이나 신발을 만드는 공장을 지으려고 할 때, 선진국에서는 그런 공장들을 없애 가고 있었어요. 그래서 선진국과 큰 경쟁 없이 '메이드 인 코리아'의 옷과 신발을 팔 수 있었어요. 우리나라 경제가 성장할 수 있었던 이유 가운데는 다른 나라들이 도움을 주었던 것도 있습니다.

가상 인터뷰 덩샤오핑

흰 고양이든 검은 고양이든, 쥐만 잡으면 된다

개혁·개방으로 중국 경제를 크게 성장시켰다는 이야기를 듣고 있는 중국의 지도자 덩샤오핑을 만났습니다. 하지만 덩샤오핑은 1989년 톈안먼 사태로 인권을 탄압했다는 비판도 듣고 있어요. 개혁·개방이 이룬 것과 그에 따른 부작용을 알아보는 시간이 되었으면 합니다.

 안녕하세요. 차이나 기자입니다. 적지 않은 나이에도 왕성하게 활동하시네요. 남다른 비결이라도 있나요?

 나는 일본군이 중국을 침략했을 때 넓은 중국을 누비며 일본과 전쟁을 했지요. 국민당 군대와 전쟁을 벌일 때도 마찬가지였어요. 그때와 비교하면 지금 내 활동은 아무것도 아닙니다.

 아흔 살이 다 된 나이에 중국 각지를 돌며 강연을 하신 걸로 알고 있는데요, 무슨 내용으로 강연을 다니신 건가요?

 개혁·개방의 중요성에 대해서 남순강화(南巡講話), 그러니까 '남쪽을 돌면서 강연'을 했습니다.

 왜 남쪽이죠?

 중국은 남부 해안 지역을 중심으로 경제특구를 지정하고 개혁·개방 실험을 시작했습니다. 그래서 이 지역들이 중국 경제를 이끌어가는 핵심적인 곳이 되었죠.

 덩샤오핑이 중국의 지도자가 되고 나서 확실히 중국의 경제는 눈에 보이게 좋아졌습니다. 비결이 뭘까요?

 집 안에 쥐가 들끓습니다. 쥐는 창고에서 곡식을 훔쳐 먹고, 질병을 옮겨요. 그래서 고양이를 한 마리 데려오기로 했습니다. 그런데 가족들은 흰 고양이로 데려와야 할지 아니면 검은 고양이로 데려와야 할지를 놓고 고민합니다. 이런 문제로 싸울 필요가 있을까요? 흰 고양이든 검은 고양이든 쥐만 잘 잡으면 되겠죠. 중국은 지구상에서 가장 가난한 나라 가운데 한 곳이었어요. 수천만 명의 사람들이 굶어 죽기도 했습니다. 중요한 것은 경제를 살려서 사람들이 굶어 죽지 않게 하는 것입니다. 경제를 살릴 수 있는 방법이 있다면 그것이 무엇이든 받아들여서 실행해야죠. 비결이 있다면 그 정도가 아닐까요?

 아주 실용적인 생각이네요. 덕분에 중국의 경제는 빠르게 성장하고 있습니다.

경제를 성장시킬 수 있는 좋은 방법이 있다면 받아들여서 '실험'을 해야 합니다. 실험했는데 효과가 있다면 '실행'을 해야죠. 사람들은 내가 자본주의 시장 경제를 받아들였다고 비판하기도 하고 칭찬하기도 합니다. 그러나 무엇을 받아들였는지가 중요한 문제가 아닙니다. 경제를 성장시킬 수만 있다면 무엇이든 받아들여야 하는 거죠.

하지만 급격한 경제 성장으로 인한 부작용도 나타나고 있습니다.

부작용이 있는 것은 사실이지만, 중국의 개혁·개방은 좀 더 강력하게 밀어붙여야 합니다. 그런데 부작용이 나타난다는 이유로 개혁·개방이 주춤했어요. 내가 남순강화를 한 이유도 그 때문이죠.

내가 중국을 이끌기 시작했던 1970년대 후반부터 20년이 지나고 보니, 경제는 성장했지만 빈부격차는 심해졌어요. 그전까지는 경쟁하지 않아도 됐지만, 치열하게 경쟁해야 하는 시대가 온 거죠. 경쟁에 익숙하지 않은 중국 사람들은 힘들어했습니다. 어떤 사람들은 이런 부작용을 보고, 덩샤오핑이 자본주의에 빠졌다고들 말했습니다. 그러나 나는 사회주의를 버리지 않았습니다. 사회주의만이 중국을 구할 수 있고, 사회주의만이 중국을 발전시킬 수 있습니다. 개혁·개방도 결국은 사회주의를 완성해서 중국을 더 발전시키기 위함입니다.

그러나 부작용이 심해지고 있는 것도 사실입니다.

1989년 대학생들을 비롯한 많은 중국 사람들이 베이징 시내 한복판인 톈안먼(天安門) 광장에 모여 시위를 했습니다. 시위자들을 해산하는 과정에서 수천 명의 사람들이 목숨을 잃거나 다쳤습니다. 중국이 변화하는 과정에서 생긴 슬픈 일입니다. 그러나 조금 전에 이야기했듯이 개혁·개방은 사회주의를 지키면서 중국을 발전시키는 길입니다. 톈안먼 사태로 개혁·개방이 멈춰서면 안 된다는 것이 남순강화의 핵심입니다.

중국 사람들은 이전과 다르게 대학에 가기 위해 열심히 공부해야 하고, 돈을 벌기 위해서 열심히 일해야 합니다. 모든 분야에서 노력과 경쟁이 필요합니다. 중국 사람들은 이 경쟁에 곧 익숙해질 겁니다. 중국은 천 년 전에 시험을 봐서 관리가 되는 과거제도를 만들었습니다. 수나라 시대 때 만들어졌죠. 중국 사람들에게 경쟁하는 문화가 처음이 아니라는 겁니다. 곧 잘 적응할 것입니다.

지금 개혁·개방을 멈추면 중국은 다시 퇴보할 것입니다. 한편 사회주의를 포기해도 중국은 퇴보할 것입니다. 사회주의를 실현하기 위한 경제 성장은 개혁·개방으로 달성할 수 있습니다. 경제적으로 발전하고 나면, 부작용을 고칠 수 있는 힘이 생깁니다. 그때까지는 검은 고양이든 흰 고양이든 중국을 성장시킬 수 있기만 하면, 어떤 고양이든 쥐를 잡게 해야 합니다.

제4장
중국 경제의 오늘과 내일

개혁·개방을 거치면서 중국 경제는 큰 성장을 거두었습니다. 우리에게도 중국은 경제적으로 중요한 나라가 되었습니다. 우리나라 수출품 가운데 중국으로 가는 물건이 제일 많거든요. 물론 중국에서 수입하는 것들도 많습니다.

중국 경제는 우리에게 큰 영향을 끼칩니다. 만약 중국 경제가 휘청한다면, 우리나라는 큰 충격을 받게 될 것입니다. 우리에게도 중요한 중국 경제, 과연 앞으로 어떻게 될까요?

전 세계를 휩쓰는
중국 기업들

하루 만에 수조 원을 번 알리바바

중국에서 11월 11일은 특별한 날입니다. 이날을 광군절(光棍節)이라고 부르지요. 여기서 '광군'은 '빛나는 막대기'라는 뜻으로, 결혼하지 않은 사람과 애인이 없는 사람을 가리킵니다. 11월 11일을 써 놓으면 숫자 1들은 혼자 외롭게 서 있는 사람들처럼 보이기도 합니다. 한 대학교에서 애인이 없는 친구들끼리 서로 챙겨 주고 위로하자는 취지로 11월 11일을 광군절로 정해 선물을 주고받던 것이 지금은 중국 곳곳에서 젊은이들이 선물을 주고받는 기념일이 되었습니다. 그래서 광군절에는 선물을 사는 사람들이 많습니다.

중국에서도 많은 사람들이 인터넷 쇼핑몰을 이용합니다. 광군절에 중국 인터넷 쇼핑몰에서는 어떤 일이 벌어질까요? 2015년 11월 11일 하루 동안, 중국의 유명한 인터넷 쇼핑몰 '알리바바(Alibaba)'는 우리나라 돈으로 16조 5,000억 원어치의 물건을 팔았습니다. 16조 5,000억 원이면 잘 상상이 안 되는 큰돈이지요? 우리나라에서 제일 큰 유통 업체인 롯데 백화점이 1년 동안 벌어들이는 돈이 14조 원 정도 됩니다. 알리바바는 그 돈을 하루 동안에 벌었어요.

알리바바의 광군절 이벤트에는 모두 4만 개가 넘는 기업들이 참여해서, 600만 종의 다양한 물건을 팔았어요. 딱 24시간 동안만 진행된 할인 이벤트였는데, 시작한 지 15분 만에 2조 원어치의 물건이 팔렸습니다. 더 놀라운 점은 중국 사람들만 알리바바의 광군절 할인 이벤트에 참여한 것이 아니라는 겁니다. 전 세계 230여 개 국가에서 1억 3,000만 명 이상의 사람들이 광군절에 알리바바에서 물건을 샀지요.

알리바바의 광군절 할인 이벤트는 2009년에 시작했어요. 그날 사람들이 물건을 많이 사니 할인해서 팔면 더 많은 사람들을 끌어 모을 수 있겠다고 생각한 겁니다. 이벤트는 성공했고, 2009

년 첫해에 91억 원 정도의 물건을 팔았습니다. 91억 원도 적은 돈이 아니었는데 7년 만에 1,700배 이상 판매량이 늘어난 셈이에요. 더 놀라운 점은 알리바바가 1999년에 만들어진 젊은 기업이라는 것입니다.

  영어 강사를 하던 마윈(马云)은 18명의 직원들과 함께 알리바바를 만들었어요. 그리고 불과 10년이 조금 지난 2015년에 알리바바의 직원 수는 2만 명이 넘게 늘어났지요. 알리바바가 가진

여러 인터넷 쇼핑 사이트에는 매일 1억 명 이상의 사람들이 접속해서 물건을 사고팔아요. 짧은 기간 동안 엄청난 성장을 거둔 거예요. 알리바바는 이제 중국에서 제일 큰 인터넷 쇼핑몰이자, 전 세계에서 가장 큰 인터넷 쇼핑몰이기도 합니다.

신생 기업에서
세계적인 기업으로

중국에는 마윈의 알리바바처럼 빠르게 성장해 세계적인 기업이 된 곳이 많아요. '레노버(Lenovo)'라는 컴퓨터 회사도 그중 한 곳입니다. 류촨즈(柳傳志)라는 사람이 1984년 10명의 공학자들과 레전드(Legend)라는 이름으로 시작했지요. 그리고 레전드는 10년 만에 중국에서 아이비엠(IBM)보다 컴퓨터를 많이 파는 회사가 되었습니다. 레전드는 레노버로 이름을 바꿔 해외에도 컴퓨터를 팔기 시작했습니다. 지금은 전 세계에서 가장 많은 개인용 컴퓨터를 만드는 회사가 되었어요.

전 세계 사람들은 1년에 6,000만 대의 레노버 컴퓨터를 구입

합니다. 레노버는 노트북, 스마트폰도 만드는데, 1년에 벌어들이는 돈이 460억 달러 정도 됩니다. 우리나라 돈으로 55조 원이 넘어요. 30년 전에 창고에서 시작한 작은 회사가 이렇게 커질 것이라고 누가 생각할 수 있었을까요?

2010년에 시작한 샤오미는 스마트폰 등을 만드는데, 2014년에 13조 원에 가까운 돈을 벌었어요. 세계에서 가장 많은 돈을 버는 게임 업체 탄센트(Tancent), 중국판 구글 바이두(Baidu) 등도 모두 생

➤ 베이징에 위치한 레노버의 모습

긴 지 얼마 되지 않는 기업들이에요. 하지만 지금은 모두 세계적인 기업이 되었습니다.

세계 최고의 규모
중국 국영 기업

중국 정부가 운영하는 국영 기업들은 처음부터 규모가 컸어요. '포브스(Forbes)'라는 유명한 경제 잡지가 있어요. '포브스'는 매년 전 세계에서 가장 잘 나가는 기업들의 순위를 매겨요. 2015년 순위를 보면, 1위부터 4위까지가 모두 중국 기업이었어요. 그리고 그 4개의 기업이 모두 은행이었지요. 1위는 중국공상은행(ICBC)이었습니다. 46만 명 이상의 직원들이 일하고 있는 중국의 대표적인 국영 은행입니다. 2위는 중국건설은행(CCB), 3위는 중국농업은행(ABC), 4위는 중국은행(BOC)으로 이 은행들 모두 중국 정부가 운영합니다.

중국에서 만든 물건을 외국으로 수출할 때는 큰 배를 이용합니다. 배가 얼마나 크냐면 학교 운동장을 3개쯤 붙여 놓은 넓이에,

20층 건물 정도의 높이입니다. 이렇게 커나란 배를 움직이려면 석유가 많이 필요하겠죠? 중국에는 공장도, 자동차도 많아 석유를 많이 써야 해요. 시노펙(Sinopec), 페트로차이나(Petro China)라는 회사는 중국에서 사용되는 석유 대부분을 거래합니다. 두 회사는 '포브스'가 뽑는 세계 2000대 기업에서, 거의 10위권에 들어가요. 이 둘은 아시아에서 가장 큰 석유 회사이기도 하지요. 이 회사들 역시 국영 기업입니다.

　텔레비전을 틀면 이동 통신사 광고를 많이 볼 수 있어요. 이동 통신사들이 돈을 벌다 보니 광고도 많이 하는 것이지요. 우리나라에서 사용되는 휴대폰과 스마트폰은 5,800만 대 정도 됩니다. 중국에도 이동 통신 서비스를 하는 '중국이동통신'이라는 회사가 있습니다. 그런데 이 회사의 서비스를 받는 중국 사람이 5억 7,000만 명이라고 합니다. 우리나라 전 국민의 수보다 10배가 많아요. 중국이동통신은 전 세계에서 가장 많은 사람들에게 서비스를 제공하는 이동 통신 회사입니다. 이 회사도 중국 국영 기업입니다.

중국 기업의
반쪽 기술력

조립에 능한 중국 기업들

중국에서 큰 기업은 이제 세계적으로 큰 기업이에요. 기술도 그렇고 규모도 그렇지요. 돈도 많이 벌어들입니다. 그런데 중국 기업들의 눈부신 활약을 부정적으로 바라보는 시선도 있어요. 여전히 핵심적인 기술은 미국, 유럽, 일본 등 선진국들이 가지고 있으며, 중국은 선진국들이 만든 디자인과 설계도에 따라 물건을 만드는, 훌륭한 하청 공장일 뿐이라는 것이지요.

개혁·개방 이후 중국의 최대 장점은, 싼 가격으로 좋은 품질의 물건을 잘 조립할 수 있다는 것이었어요. 물건을 잘 조립하려면 수

준 높은 기술이 필요해요. 설계도를 정확하게 이해해야 하고, 여러 가지 부품과 기계도 잘 다루어야 하죠. 외국 기업들은 중국과 친해지려고 조립과 관련된 중요한 기술들을 알려 주었지요. 덕분에 중국은 개혁·개방 초기에 이런 기술들을 빠르게 배울 수 있었습니다. 기술을 배운 중국 기업은 외국의 기업들로부터 주문을 받았습니다. 중국산 물건들이 전 세계적으로 인정받아 많이 팔려 나갈 수 있었던 이유입니다.

재주는 중국이 부리고 돈은 선진국이 가져가고

그런데 외국의 기업들이 중국에 알려 주지 않은 것이 있어요. 바로 핵심 부품을 만드는 기술입니다. 이러한 기술이 없으면 어떤 일이 벌어질까요?

미국 기업 애플이 아이폰을 만들기 전에 아이팟이라는 제품으로 큰 성공을 거두었어요. 애플은 자기 회사의 제품을 만드는 공장이 없어요. 미국 본사에서는 설계와 디자인만 하고 물건을 만드는 일은 외국에 있는 다른 공장에 하청을 주지요.

아이팟의 조립은 중국에서 했습니다. 애플은 2005년에 중국 기업이 조립한 30기가짜리 아이팟을 144달러를 주고 사 왔어요. 그리고 소비자들에게 299달러에 팔았죠. 자, 그러면 중국 기업이 애플에서 받은 144달러는 조립한 중국 기업이 모두 가졌을까요?

아이팟에 들어가는 부품 가운데 하드디스크와 화면 디스플레이가 제일 중요해요. 이건 모두 일본 기업이 만들었어요. 144달러 가운데 절반은 화면 디스플레이와 하드디스크를 만든 일본 기업이 부품 값으로 가져갔습니다. 중요한 부품들을 모두 외국

➜ 중국의 생산 공장에서 만들어지는 애플의 많은 제품들

기업으로부터 사야 했기 때문에, 정작 중국 기업은 299달러에 팔리는 아이팟 1개를 조립하면 4달러 조금 넘는 돈을 가질 수 있었습니다. 아이팟을 조립하는 것은 매우 어려운 기술이지만 그 대가로 정말 적은 돈을 받을 수밖에 없었습니다. 정작 돈을 많이 번 곳은 핵심 부품을 만드는 일본 기업과 아이팟을 설계하고 디자인한 미국의 애플이었습니다.

물론 핵심 부품을 만드는 기술은 어느 나라, 어느 기업도 잘 알려 주지 않아요. 그래서 그런 중요한 기술은 스스로 개발해야 합니다. 시간과 노력과 돈이 많이 들어가는 일이지요. 중국도 중요한 기술을 공짜로 받기 어려웠어요. 스스로 기술을 개발해야 하는데 쉬운 일이 아니었지요. 게다가 중국에게는 시간도 없었어요.

늘 성장만 했던 중국 경제의 위기

중국은 이미 경제적으로 너무 큰 나라가 되었습니다. 거의 30년 내내 매년 두 자릿수 비율로 경제가 성장했으니 당연한 결과였지요. 그런데 만약 앞으로 1년이라도 경제 성장률이 낮아진다면, 중국은 커다란 경제 위기를 맞이하게 될 것입니다. 앞으로도 중국 경제가 계속 성장할 것이라고 생각한 중국 사람들이 이미 많은 돈을 빌려 기계를 사고, 공장을 지었거든요.

만약 중국 경제가 나빠진다면 물건을 만들어도 팔 수가 없어요. 그러면 투자하느라 빚을 진 중국 사람들은 곤란해집니다. 장사가 안 되니 빌린 돈을 갚을 수 없기 때문이지요. 수많은 중국 사람들과 기업들이 파산할지도 모릅니다.

그래서 중국은 계속 경제를 성장시켜야 합니다. 그런데 이미 중국에서는 너무 많은 물건을 조립하고 있어요. 이제는 핵심 부품을 만들거나 디자인을 해야 하지만 그런 기술들은 당장에 배울 수도 개발할 수도 없습니다. 경제 위기에 대한 이야기가 나올 법합니다.

당장 돈이 되는 기술

물론 중국도 연구 개발을 열심히 해요. 연구 개발에 돈을 아끼지도 않죠. 주하이거리(珠海格力)라는 에어컨을 만드는 회사가 있습니다. 중국에서 에어컨을 제일 많이 만드는 회사입니다. 주하이거리는 더 좋은 에어컨을 만들기 위한 기술을 연구하는데, 연구소가 무려 41개나 있습니다. 연구원이 8,000명이나 되는데, 이 연구원들이 매일 8개 정도씩 새로 개발된 기술을 내놓는다고 해요. 1년에 연구 개발에 쓰는 돈이, 우리나라 돈으로 7,500억 원 정도라고 합니다. 스마트폰을 만드는 화웨이는 1년에 3,000개 이상의 특허를 등록합니다. 전 세계에서 가장 많은 특허를 내는 회사지요. 미국이 전 세계에서 가장 많은 특허를 내는 나라이기는 하지만, 중국은 2위로 그 뒤를 바짝 쫓고 있어요.

이렇게 중국 기업들이 많은 돈을 들여서 연구 개발을 하고 실제로 특허도 많이 내고 있다면, 걱정할 것이 없을 거예요. 빠른 시간 안에 중요한 부품들을 스스로 만들 수 있는 기술력을 가질 테니까요. 하지만 여기서도 살펴볼 것이 있어요. 중국이 어떤 분야에 연구 개발을 하고 있을까 하는 점이지요.

중국이 개혁·개방을 하고 나서 외국 기업들로부터 배운 첫 번째 기술이, 주문자의 입맛에 맞게 복잡한 제품을 조립하는 기술이었어요. 그런데 중국은 지금도 이렇게 조립하는 기술을 개발하는 데 집중하고 있어요. 잘하는 분야이기도 하니, 연구를 하면 더 훌륭한 조립 기술을 개발할 수 있겠죠.

그러다 보니 중국 내의 많은 연구소에서는 핵심 부품 개발보다는 조립 기술 개발에 더 열을 올려요. 미래에 중국이 좀 더 성장할 가능성이 있는 기술보다는, 당장에 쓸 수 있는 기술 개발에만 매진하는 것입니다. 그래서 중국 경제가 위험에 처할 수도 있다고 말하는 사람들도 제법 있습니다.

신흥 부자와
가난한 농민공

누구나 부자가 될 수 있는
기회의 땅

 2007년에 중국에서 누가 제일 부자인지 1등부터 10등까지 뽑은 적이 있습니다. 중국 최고의 부자들을 뽑아 보니 대부분이 부동산업을 하고 있었어요. 아파트나 상가를 짓고 팔아서 돈을 번 부자들이었지요.

 2011년에 다시 1등부터 10등까지를 뽑았어요. 그런데 4년의 시간이 흘렀을 뿐인데, 2007년 최고 부자 10명 가운데 2명만 다시 뽑혔어요. 그러니까 4년 만에 8명이 바뀐 것이에요. 업종도

바뀌었습니다. 2011년에는 부동산이 아닌 여러 가지 사업을 동시에 하는 사람들이 중국 최고의 부자들이었지요.

다시 4년이 지난 2015년에는 어땠을까요? 2011년에 뽑혔던 10명 가운데 4명이 남고 6명이 새로 들어왔어요. 이번에는 인터넷 기업 대표들이 강세였습니다. 2007년에 뽑혔던 10명 가운데 2015년까지 10대 부자의 자리를 지킨 사람은 1명도 없었어요. 10년도 지나지 않았는데 모두 바뀐 셈입니다.

사실 부자들의 순위가 이렇게 빠르게 바뀌는 것은 쉽지 않아요. 우리나라로 치면 10년 전에 삼성이나 현대가 제일 돈을 많이 버는 기업이었는데, 10년이 지나고 나서는 삼성이나 현대가 10등 밖으로 밀려난 것과 같아요. 새로운 기업들이 그 자리를 채우고 있는 거예요. 새로운 기술을 들여와서, 물건을 개발하고, 광고를 해서 그 물건을 팔고, 다시 돈을 벌어들이는 시간을 생각하면 이렇게 빠르게 바뀌는 것은 정말 어려운 일입니다.

부자들의 순위가 빠르게 바뀐다는 것은 경제적으로 좋은 현상이에요. 새로운 기술을 가진 기업이 계속 등장하고, 또 새롭게 도전하는 기업이 성공할 가능성이 높다는 뜻이니까요. 새로운 기업가가 계속 나타나 최고 부자 순위를 갈아 치울 만큼 중국 경제가 역

동적이라는 뜻이기도 하지요. 중국은 기술을 가지고, 도전하고 열심히 노력하면 성공할 수 있는 사회예요. 성공 가능성이 높기 때문에 새로운 사업을 벌이는 젊은이들이 많을 것이고, 그중 성공한 기업가가 나오면 중국 경제는 더욱 발전할 것입니다.

심각한 빈부 격차

하지만 중국에는 오래도록 고쳐지지 않는 문제가 있어요. 바로 커다란 빈부 격차예요.

중국에 세계의 공장이라는 이름이 붙고, 많은 물건을 싼값에 만들 수 있는 가장 큰 이유는 아직도 중국 노동자들의 월급이 상대적으로 적기 때문입니다. 상품을 만드는 노동자들에게 월급을 적게 준다면, 물건 값을 싸게 팔 수 있어요. 그러면 비싼 값의 다른 나라 물건보다 많이 팔리지요. 중국 상품의 가장 큰 경쟁력은 바로 이런 싼 가격이었어요.

농민공이라는 말을 들어본 적 있나요? 중국 농촌에서 직업을 구하기 위해 도시로 몰려든 사람들을 부르는 말이에요. 이 농민

공들이 공장에서 한 달 동안 열심히 일하고 받는 월급이 얼마일까요? 아침부터 저녁까지 한 달을 열심히 일한 중국 농민공들은 우리나라 돈으로 고작 50만 원 정도를 받아요. 그런데 50만 원을 받으면 혼자 쓰지 않아요. 농민공은 이걸 쪼개서 고향에 있는 가족들에게 나누어 보냅니다. 중국의 인구가 약 15억 명 정도인데, 농민공이 거의 3억 명 가까이나 된다고 해요. 물론 중국에는 부자들도 많아요. 하지만 중국 전체를 놓고 보면 가난한 사람이 더 많지요.

농민공은 도시에 산다는 증명서를 받을 수도 없어요. 기업들은 적은 임금으로 일할 수 있는 사람들이 늘어나는 것을 원했지만, 중국 정부는 도시에 인구가 너무 많아지는 것을 걱정했습니다. 그래서 가난한 농민들이 도시에 들어오는 것을 막았어요. 농민들은 돈을 벌기 위해 몰래 도시에 들어와도 거주 증명서를 받을 수 없었습니다.

목숨 값도 다른 농민공

상황이 이렇다 보니 농민공들은 합법적으로 도시에 사는 사람들보다 월급을 적게 받아도 항의할 수 없었어요. 부당한 대우를 받아도 묵묵히 다녀야 했지요. 그뿐만이 아니라 농민공은 아이를 낳아도 학교에 보낼 수가 없었어요. 도시 거주 주민으로 등록되지 않으니 학교에 보낼 수 없는 것이지요.

이런 일도 있었어요. 중국에서 교통사고를 당해, 중학생 두 명이 함께 목숨을 잃었어요. 그런데 한 아이는 도시에 정식으로 거주하고 있었고, 다른 아이는 농민공의 자녀였어요. 교통사고 보상금을

➡ 일자리를 찾아 도시로 온 농민공

받았는데, 도시의 거주 권리를 가지고 있던 아이에 비해 농민공의 자녀는 절반의 보상금만 받을 수 있었어요. 많은 중국 사람들이 분노했지만 어쩔 수 없었어요. 제도가 그랬거든요.

인구 덕분에 흥했지만
인구 때문에 망할지도

중국에서 일할 수 있는 사람 수가 줄어들고 있는 것도 문제입니다. 현재 중국은 전 세계에서 인구가 가장 많은 나라입니다. 이는 중국 경제가 나쁘던 시절도 마찬가지였어요. 대약진 운동과 문화 대혁명이 일어나던 때, 중국 정부는 가뜩이나 경제 상황도 나쁜데 인구까지 많으니 굶어 죽는 사람만 늘어난다고 생각했어요. 그래서 인구수를 줄이려고, 한 부부가 오직 한 명의 아이만 낳을 수 있도록 법을 정했어요. 사람들은 반발하고 몰래 둘째 아이를 낳기도 했지만 중국 정부는 법을 어기면 엄하게 다스렸습니다.

경제가 성장하려면 일할 수 있는 사람이 적당한 수준이 되어야 합니다. 그런데 오랫동안 인구를 억제하는 정책을 쓰다 보니 노인들은 늘어나고 일할 수 있는 젊은 사람들은 줄어들어요. 그래서 이제는 두 명까지 아이를 낳을 수 있도록 법을 개정했습니다.

중국 경제가 가지고 있던 가장 큰 경쟁력은 물건 값이 싸다는 것이었습니다. 하지만 더 이상 싼 물건 값을 유지하기 힘든 상황입니다. 인구가 줄어들고, 일할 사람이 줄어들면 기업은 노동자들의 월급을 올려 줄 수밖에 없습니다. 노동자들이 적은 월급을 주는 기업에서는 일하지 않으려 할 테니까요. 게다가 농민공에 대한 대우도 좋아져야 할 것입니다. 언제까지나 임금을 조금만 주고 차별할 수는 없는 노릇이니까요.

기업들이 노동자들에게 월급을 적게 줄 수도 없고, 예전처럼 쉽게 일할 사람을 찾을 수도 없게 된다면 어떻게 될까요? 이런 상황에서도 중국 경제는 잘나갈 수 있을까요?

➜ 2,000만 명 이상이 살고 있는 중국의 수도 베이징

통제된 사회 안에서
경제 성장은 지속될까?

통제와 관리의 성공

덩샤오핑이 개혁·개방을 시작한 이후 중국 정부는 경제에서 아주 중요한 역할을 해 왔습니다. 많은 경제학자들은 중국이 이렇게 빠르고 안정적으로 경제를 성장시킬 수 있었던 것은, 중국 정부가 노력을 많이 했기 때문이라고 생각합니다. 이것은 아주 자연스러운 일이에요. 그 당시까지만 해도 거의 대부분의 기업과 농장이 정부의 것이었고, 기업과 농장을 잘 관리하는 것이 정부의 중요한 일이었으니까요. 중국 정부는 개혁·개방을 하면서도 계속 기업과 농장을 관리했어요. 특히 큰 국영 기업들을 잘 관리했습니다.

다른 국가들도 개혁·개방을 할 때 국영 기업들이 큰 역할을 했어요. 옛 소련이 무너지고 생긴 러시아도 그랬어요. 집에서 요리를 하거나 난방을 할 때 도시가스를 쓰는 경우가 많지요? 도시가스는 대부분 천연가스예요. 이 천연가스가 러시아에 많이 묻혀 있어요. 러시아는 땅에 묻혀 있는 천연가스를 캐고, 그걸 다시 외국에 팔기 위해 국영 기업을 만들었어요. 게다가 러시아에는 다른 천연자원도 많아요. 마찬가지로 이런 것들을 외국에 팔기 위해 국영 기업을 만들었습니다.

하지만 러시아는 중국만큼 경제를 크게 성장시키지는 못했어요. 관리를 잘하지 못했거든요. 벌어들인 돈으로 뇌물을 주거나, 국영 기업 사장들이 돈을 외국으로 빼돌리기도 했어요. 러시아의 국영 기업들은 돈을 많이 벌었지만, 그 돈을 다시 러시아의 경제가 성장할 수 있도록 투자하지도 않았어요.

중국은 달랐어요. 중국 정부가 관리를 잘했거든요. 물론 중국의 국영 기업 안에서도 비리가 많았어요. 하지만 비리를 저지르다 걸리면 엄하게 벌을 주었지요. 비리가 일어나지 못하도록 관리하면서, 국영 기업이 벌어들인 돈을 새로운 기술을 익히고, 기계를 사고, 도로나 철도를 놓고, 항구를 만드는 데 다시 사용했어요. 그것은 경제가 발전하는 데 도움이 되었습니다.

앞으로도 제대로 관리할 수 있을까?

지금 중국에서 대통령과 국무총리만큼 높은 위치에 있는 사람이, 시진핑과 리커창이에요. 뉴스에도 자주 나오니 본 적이 있을 겁니다. 이 두 사람은 대학에서 법학과 경제학을 공부했어요. 재미있는 것은 그동안 중국의 최고 지도자들 가운데 대학에서 교육을 받은 사람이 별로 없었고, 법학이나 경제학을 공부한 사람도 없었다는 점이에요.

개혁·개방을 시작한 덩샤오핑은 어릴 때부터 일본과의 전쟁, 국민당과의 전쟁에 참여하느라 공부할 기회가 거의 없었어요. 덩샤오핑 이후 중국의 최고 지도자들은 공학자들이었어요.

그런데 경제가 성장하려면 법이 잘 갖추어져 있어야 하고, 경제에 대해서도 잘 알고 있어야 합니다. 지금까지 법학과 경제학을 공부하지 않은 지도자들도 중국 경제를 잘 통제해서 성장시켜 왔는데, 법과 경제를 전공한 지도자라면 좀 더 잘할 수 있을 것이라고 보는 사람들도 많아요.

하지만 이와는 반대되는 의견을 주장하는 사람들도 있어요. 더 이상 중국은 잘 관리하거나 통제하는 방식으로는 경제를 성장시키기 어렵다는 것이지요. 왜 그럴까요? 경제가 오래도록 잘 성장하려면, 시민들의 활동이 다양해져야 하기 때문입니다. 전혀 상관없어 보이는 것 같지만 매우 중요한 일입니다.

시민 사회와 경제 성장

경제가 계속 성장하려면 환경 보호 운동을 하는 시민들, 노동자들이 월급을 제대로 받고 안전하게 일할 수 있도록 감시하는 시민들, 디자인을 표절하지 못하도록 감시하는 시민들이 활발하게 활동하는 것이 필요합니다. 교통 신호를 잘 지키거나, 쓰레기 분리수거를 잘하자고 캠페인을 벌이는 시민들도 필요하고요. 그리고 이런 시민들의 활동 소식을 다른 시민들에게 전달하는 좋은 뉴스와 신문이 있어야 하고, 인터넷도 자유롭게 사용할 수 있어야 합니다.

즉 '성숙한 시민 사회'가 만들어져야 합니다.

왜 이런 것들이 경제가 꾸준히 성장하는 데 필요할까요? 이런 모든 것들이 경제와 서로 영향을 주고받기 때문입니다. 환경 보호가 잘되지 않는다면 사람들이 공해 때문에 병에 걸릴 겁니다. 그러면 사람들이 공장이나 회사에서 일을 열심히 하기 어려워요. 게다가 병을 치료하기 위한 돈도 많이 들어가겠지요. 경제를 성장시키는 데 투자해야 할 돈이 병원비 등 엉뚱한 데로 빠지는 것입니다.

하지만 환경 문제 없이 사람들이 건강하게 지낼 수 있다면 이런 문제는 생기지 않아요.

텔레비전에서 황사에 대한 뉴스를 많이 들어보았을 거예요. 이 때문에 마스크가 필수품이 되었죠. 중국의 모래 먼지가 우리나라까지 와서 생기는 문제입니다. 우리나라에서도 이 정도인데, 중국에 살고 있는 사람들은 더 힘들 것입니다. 제대로 일을 하기 너무 어렵겠죠. 그러므로 환경 보호 활동과 경제는 서로가 서로에게 중

➜ 황사로 모래 먼지가 내려앉은 중국의 자동차

요합니다.

　노동자들이 월급을 제대로 받을 수 있도록 감시하는 것도 중요합니다. 노동자들은 일한 대가로 돈을 받아서 살아갑니다. 만약 노동자들이 충분한 월급을 받는다면, 좋은 음식을 먹고 깔끔한 집에서 지낼 수 있을 겁니다. 또 건강 관리도 제대로 해서 일도 더 잘할 수 있게 될 겁니다. 자녀들도 제대로 교육을 받을 수 있게 되겠지요. 그러면 자녀들이 나중에 자라서 훌륭한 기술자나 학자가 되어 경제를 발전시키는 데 도움을 줄 수도 있어요.

　게다가 노동자들이 월급을 제대로 받아서 쓴다는 것은, 시장에 나가 물건을 충분히 살 수 있다는 뜻이기도 합니다. 텔레비전을 만드는 공장에서 일하는 노동자들이 열심히 일하는데도 월급이 너무 적어 자기 공장 텔레비전도 살 수 없다면 어떨까요? 공장은 텔레비전을 만들어 봐야 팔리지 않으니 곧 문을 닫게 될 것입니다.

　하지만 대부분의 노동자들이 적절한 월급을 받고 생활하는 데 문제가 없다면, 많은 사람들이 텔레비전을 구입할 테고, 공장은 돈을 많이 벌 수 있습니다. 또 텔레비전 공장은 벌어들인 돈으로 더 좋은 기술을 개발하고, 좀 더 좋은 기계를 사고, 디자인에도 공을 들일 수 있을 겁니다. 그러면 외국에서도 인기가 높아져 수출도 많이 할 수 있습니다. 이처럼 노동자가 월급을 제대로 받는 것은 노동자가 잘살기 위해 필요한 일이기도 하지만 경제가 성장하는 데도 매우 중요합니다.

시민들이 감시를 제대로 해서 중국 기업에서 외국 상품 디자인을 표절하는 일이 사라지면, 외국 사람들에게 중국 기업에 대한 이미지가 좋아질 겁니다. 교통 법규를 잘 지키면 물건을 나르다가 사고 나는 일도 줄어들 테고요. 직접 물건을 만들고 파는 경제 활동은 아니지만, 시민들의 여러 활동은 경제와 밀접하게 연관되어 있지요.

시민이 살아가기 어려운 나라

시민들의 활동이 활발해지려면 언론의 활동이 활발해야 합니다. 사회에서 벌어지는 다양한 문제들을 조사해서 보도해야 시민들이 여러 문제가 있다는 걸 알고, 그걸 해결하기 위해 자발적으로 모여서 활동을 시작할 수 있거든요.

중국 정부도 이 사실을 잘 알고 있었어요. 하지만 중국 정부는 중국 사람들이 자발적으로 나서는 것을 두려워했어요. 그래서 그동안은 중국 정부가 직접 나서서 이런 일들을 처리했습니다. 정부가 직접 환경 보호 운동을 지휘하고, 기업에서 노동자들 임금을 제대로 주고 있는지 감시했습니다.

그리고 언론을 통제했습니다. 중국에 사는 사람들은 오랫동안 중국에 도대체 무슨 문제가 있는지 정확하게 알 수가 없었어요. 중국 정부는 감시하고 통제하는 일을 열심히 했고, 지금까지는 그럭저럭 잘 진행되었습니다. 중국 정부가 모두 조정할 수 있을 만큼, 중국 사회에서 벌어지는 일들이 복잡하지 않았거든요.

그런데 상황이 달라졌어요. 중국 경제가 발전하면서 중국 사회가 많이 복잡해졌거든요. 예를 들어 예전에 중국에는 티셔츠 제조 공장만 있었다면, 이제는 티셔츠도 말고도 컴퓨터나 스마트폰, 자동차 제조 공장도 있어요. 전에는 티셔츠를 만들 때 나오는 공해 물질만 관리하면 되었는데, 이제는 온갖 공장에서 나오는 훨씬 다양한 공해 물질을 관리해야 합니다. 그렇기 때문에 정부 혼자서 다 관리하기 어려워진 것이지요.

통제 범위를 넘어선 사람들

언론을 통제하는 것도 어려워졌어요. 경제가 성장하는 과정에서 많은 사람들이 살던 곳을 떠나 이사했어요. 굳이 언론이 아니더라도 많은 정보들이 자연스럽게 사람의 입을 통해 전해졌지요. 게다가 인터넷이 발달하고, 소셜 네트워크 서비스(SNS)를 많이 활용하게 되면서 자연스럽게 여론이 만들어지게 되었고요.

미국, 유럽, 일본이나 우리나라 같은 경우는 다양한 시민 단체들이 자발적으로 기업 활동 등을 감시하면서 문제를 해결해요. 정부는 시민 단체들이 잘 활동할 수 있도록 여러 가지 지원을 하고요. 중국도 이제는 다양한 시민 단체가 나서서 이런 문제들을 해결하려고 노력해야 합니다. 그런데 중국 정부는 아직 이 부분에서 머뭇거리고 있어요.

시민 단체들은 정부에서 지원을 받지만, 정부를 비판하기도 합니다. 그런 비판들이 언론을 통해 다른 시민들에게 전달되지요. 이렇게 여론이 만들어지면 정부는 여론을 받아들여 잘못하고 있는 것들을 고칩니다. 만약 중국에서도 시민 단체의 활동이 활발해지고, 시민 사회가 성숙해지면 정부가 많은 비판을 받을 겁니다.

그런데 이런 부분에서 중국 정부는 아직 걱정이 많아요. 비판이 심해져서 혹시라도 정권이 무너지지는 않을까 하는 것이지요. 중국에서 독립하려는 티베트 지역의 사람들을 탄압하는 등, 중국 정부가 비판받을 구석이 많거든요. 그래서 시민 단체의 활동이 활발해지거나, 언론이 자유롭게 이런저런 비판을 하는 것을 통제하려고 합니다.

많은 경제학자들은 중국의 이런 통제를 걱정합니다. 경제학자들은 만약 중국에서 시민 단체의 활동이나, 언론의 자유가 잘 보장되어 성숙한 시민 사회가 만들어지지 않는다면, 앞으로 중국의 경제 성장이 주춤할 것이라고 예측하고 있어요. 중국 정부가 모든 것을 다 잘 해결할 수는 없으니까요.

오랫동안 함께 살아가야 할 나라
중국

　중국은 러시아, 캐나다, 미국에 이어서 네 번째로 넓은 나라이고, 인구는 약 13억 명으로 세계 1위예요. 중국보다 넓은 미국의 인구는 3억 명이 조금 넘어요. 중국은 넓은 영토에 많은 사람들이 모여 사는 나라입니다.

　역사적으로 중국에는 사람들이 많이 살았어요. 이는 중국 사람들은 오래전부터 경제 발전을 위해 노력해 왔다는 뜻이기도 합니다. 이렇게 많은 사람들이 먹고살려면 끊임없이 경제를 발전시켜야만 했으니까요. 중국은 오래전부터 외국과 무역을 했어요. 중국에는 외국 사람들이 좋아할 만한 품질 좋은 물건들이 많았지요. 특히 서양 사람들이 중국산 물건을 좋아했습니다. 그래서 서양 사람들에게 좋은 물건을 팔면서 많은 돈을 벌고 경제

를 발전시킬 수 있었습니다.

요즘도 마찬가지예요. 마트에 가 보면 중국산 물건이 아닌 것을 찾기가 어려울 정도예요. 중국은 이제 조금 있으면 세계 최강국인 미국과 어깨를 나란히 할 겁니다.

그러나 늘 발전만 한 것은 아니었어요. 전쟁과 영토를 확장하는 데에만 관심이 있는 황제나 무능한 황제가 중국을 지배했을 때에는 많은 중국 사람들이 굶주림으로 고통받기도 했습니다. 20세기에는 수천만 명이 굶어 죽는 대약진 운동 등의 사건이 있었고, 세계에서 가장 가난한 나라 가운데 한 곳으로 꼽히기도 했어요.

중국 경제는 참 우여곡절이 많았어요. 그것을 살펴보면 오늘

날의 우리가 살아가고 있는 경제를 이해하는 데에도 도움이 많이 됩니다. 도자기, 차, 비단 같은 중국 역사 속 인기 상품들은 첨단 기술 개발이 경제 발전을 위해 얼마나 중요한 것인지를 보여 줘요. 세금을 돈으로 걷으면서 돈이 돌기 시작하자, 시장이 만들어지고 경제가 발전되는 모습도 있었고요.

정부가 모든 것에 개입하고, 시장의 힘을 무시했던 중국 공산당은 큰 경제 위기를 불러왔어요. 하지만 중국 공산당은 곧 이것이 잘못되었음을 알고 정책을 조정했습니다. 덕분에 지금은 최신의 제도와 기술을 가진 나라가 되었어요. 중국이 했던 실수와 경제 발전에 성공했던 방법들을 연구하면 우리도 활용할 수 있을 거예요.

우리에겐 중국 경제를 알아 두어야 할 이유가 또 있어요. 우리는 중국과 떼려야 뗄 수 없는 관계이기 때문이지요. 중국은 가까운 이웃 나라예요. 그래서 아주 오래전부터 중국과 우리는 경제적으로 많은 영향을 주고받았어요. 오래전부터 무역을 했고, 중국에서 좋은 경제 제도가 생기면 우리가 도입해서 활용하기도 했습니다.

  지금도 마찬가지입니다. 우리나라가 외국으로 수출하는 물건 중 1/4은 중국으로 가요. 이렇다 보니 중국에서 우리나라 물건을 조금만 사지 않겠다고 해도 우리나라에서는 난리가 납니다. 수출을 많이 해서 돈을 벌 수 있는 것은 좋지만, 중국의 영향을 크게 받는 것은 위험한 상황이기도 해요. 만약 중국의 경제를 잘 알지 못한다면 이런 상황을 대처하기 어려울 겁니다. 중국은 앞으로도 경제를 계속해서 발전시킬 계획을 가지고 있고, 우리는 그런 중국과 함께 살아가야 합니다.

처음 만나는 중국경제

1쇄 발행	2018년 3월 13일
2쇄 발행	2022년 7월 20일
지은이	권현준
그린이	호새
펴낸이	이학수
펴낸곳	키큰도토리
출판등록	제2012-000219호
주소	10447 경기도 고양시 일산동구 중앙로 1079, 426호
전화	070-4233-0552
팩스	0505-370-0552
전자우편	kkdotory@daum.net
블로그	blog.naver.com/gallant1975
페이스북	facebook.com/kkdotory
인스타그램	instagram.com/kkdotory

* 책값은 뒤표지에 있습니다.
* 잘못된 책은 구입처에서 교환하여 드립니다.
* 이 책은 저작권자와 계약에 따라 발행한 것이므로 본사의 허락 없이는
  어떠한 형태나 수단으로도 이 책의 내용을 이용하지 못합니다.

ⓒ 권현준·호새, 2018
ISBN 978-89-98973-35-3 73320

어린이제품안전특별법에 의해 제품표시

제조자명 키큰도토리	**전화번호** 070-4233-0552
제조국명 대한민국	**주소** 경기도 고양시 일산동구 중앙로 1079, 426호
사용연령 만 9세 이상 어린이 제품